社会工作案例选编
（一）

SELECTED CASES ON
SOCIAL WORK

秦均平 / 主编

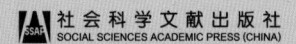

社会科学文献出版社
SOCIAL SCIENCES ACADEMIC PRESS (CHINA)

前　言

学界的共识是，社会工作专业的特点是集教育、研究和实务于一身。社会工作的一大功能是服务社会、解决社会问题，这在很大程度上要求其是一门应用性学科，社会工作专业是一个重实务、重操作的专业。社会工作的这一特性，归根到底是要靠社会工作专业教育培养具备以人为本、助人自助、公平正义的专业价值观，具有扎实理论基础、熟练社会工作方法等方面的知识和能力的复合应用型专业人才来体现。

在专业老师的指导下，将学生放在社会生活之中，放到具体实践中，面对社会和社会病人，像外科医生一样走向手术台，拿起手术刀，而不是坐而论"刀"，案例教学的这种操作方法使其由辅助地位走向中心地位。学生在实践中学，突出了专业特点，有助于深化理论、强化专业理念、掌握方法与技巧、培养解决问题的能力以及创造力。正如哈佛大学原校长博克教授所言，"在大学，最明显的需要是停止对固定知识的强调，转而强调培养学生不断获取知识和理解知识的能力"。

杭州师范大学社会工作专业一直在结合教育教学实践探索专业教育的规律与方法，强调培养学生的动手能力，突出案例教学，尤其强调在实务型课程中必须使每个学生参与到实际操作中，至少全过程地完成一个案例。

在多年积累的基础上，我们决定从2015年起，每年将上年度师生的教学案例选编成册，交由出版社出版。虽然这些案例都比较稚嫩，却可以起到保存资料的作用，使我们自己能不断反思和完善，也有一个与相关院校交流的材料便于大家批评指正，对正在学习社会工作的学生也会有些借鉴作用。

汇编依照社会工作方法发展的先后顺序，第一编是个案社会工作，第二编是以成长为主题的小组社会工作，第三编是以发展为主题的小组社会工作，第四编是社区社会工作。全部案例是由本专业的郑蓉、张超、张祥晶、王淑玲和张旭升等老师指导学生完成的，并由指导老师分别进行了精练的专业评析。

在杭州师范大学社会工作专业发展的过程中，许多学界前辈给予极大的关心和支持，借此机会表示衷心感谢！

囿于我们的水平，难免存在不足与错误之处，我们诚恳地希望得到广大读者的批评指正！

秦均平

2015年9月9日于杭州恕园

目　录

第一编　个案社会工作　001

福利院孤儿　家庭寄养个案　003
厘清角色关系　乐享家庭生活个案　012
福利院寄养儿童　家庭支持网络构建个案　022
构建支持系统的社区老年人个案　030

第二编　小组社会工作（一）　037

"小天使"儿童成长小组　039
"我们是快乐的小巷总理"社工成长小组　050
"奔跑吧，青春"青春健康同伴教育小组　069
"大学你好"新生成长小组　087
"天使心路，夕阳不暮"护理员成长小组　101
"彩虹桥"养老护理人员成长小组　110
"七色花"护理员小组　138
"夕阳天使"新进护理人员适应性小组　148

第三编　小组社会工作（二）　163

"低糖生活　健康快乐"老年人互助小组　165

"长寿而活得精彩"老年人发展小组　179

"一米阳光"老年人工作小组　189

"生命不朽"老年人活动小组　201

"心灵之约"空巢老人服务小组　210

第四编　社区社会工作　219

金色夕阳社区服务工作　221

居民参与化解社区物业失管项目　229

爱心集市大型广场便民服务项目　237

解决社区新生入学难项目　246

社区突发性公共危机处理个案　254

编后记　261

第一编　个案社会工作

福利院孤儿 家庭寄养个案

指导与评析： 王淑玲
工 作 人 员： 孟小利
实 施 机 构： 杭州市儿童福利院抚育科寄养部

一 案例背景介绍

赵明明[①]，今年13岁，男。9岁时被母亲遗弃在杭州市暂住人员黄××家中，后被送入杭州市救助管理站。经多方寻找家人无果，11岁时由救助管理站送入杭州市儿童福利院。入院时患有疥疮、房性期前收缩，其他身体状况良好。

赵明明懂事、乖巧，喜欢看书，沉默少言，不善与他人交流；走路爱低头，缺乏自信心；较同龄人早熟，不善于表达自己想法。他自己讲以前

[①] 文中人物均为化名。

上过小学三年级，事实上在阅读、写字方面无障碍。

12 岁时，赵明明曾有过一次不成功的国内领养经历，属于再次遗弃，从而产生了较严重的心理阴影。之后再提到领养等字眼时，他都比较回避，害怕再次被遗弃。

二 问题分析

综上所述，该儿童面临的问题主要有如下五个方面。

1. 上学问题。赵明明转入儿童福利院时已经 11 岁，属于学龄期儿童，按照《中华人民共和国义务教育法》和《中华人民共和国未成年人保护法》等规定，有权利接受义务教育，继续上学。赵明明智力正常，一般生活都能自理，符合普通小学的入学要求。

2. 亲情问题。每一个儿童都需要家庭的温暖、亲情的滋润，被遗弃的儿童尤其需要，赵明明也不例外，加上他被遗弃时已经懂事，对家庭和亲情的渴望更加强烈。在儿童的成长发展过程中，这是一个关键的时刻，对以后价值观的形成和人格方面的发展影响巨大。

3. 心理问题。赵明明在有记忆的时候被遗弃，心理上有了阴影。他转入福利院不久就有家庭打算领养他，但是种种原因造成这次领养失败。再次遗弃对他来说是一次沉重的打击，心理阴影也再次加重。

4. 沟通问题。赵明明到福利院后就沉默少言，不善于和他人交流。总是你问一句，他答一句，基本上不会有多余的话。加上经历比较多，想法较同龄人成熟，在福利院里能与他沟通的同龄人寥寥无几。他也不喜欢主动和人沟通，空余时间宁愿自己沉醉在书的海洋里。

5. 行为问题。特殊的经历和体验，让赵明明缺乏自信心，做事情没什么主见；总喜欢低着头，有时候会出现自己团小纸球、在房间里藏垃圾、自言自语等行为。

三 服务计划

根据赵明明当前的实际情况，福利院工作人员从感受亲情、促进儿童健康成长的角度出发，制订了以下服务计划。

1. 寻找合适的学校。赵明明的学业中断两年，目前已到读四年级的年龄。福利院工作人员与周围学校联系并沟通，希望为他寻找合适的学校，继续完成学业，充分保障赵明明上学的权益。

2. 重回家庭。杭州市儿童福利院开展家庭寄养工作十多年，拥有一大批经验丰富、充满爱心的寄养家庭，可以为赵明明配对合适的家庭，让他重回家庭，感受家庭的温暖、亲情的滋润。

3. 逐步消除心理阴影。赵明明有领养方面的心理阴影，可以如实举例，讲一些成功的领养案例给他听，展示图片给他看，如果条件允许的话可以带他参观部分领养成功的家庭，让赵明明内心阴影的地方照射到阳光，不再对"领养"二字过于敏感和逃避。

4. 改善沟通问题。针对赵明明在沟通方面存在的问题，第一，可以加强福利院工作人员与他的沟通，了解他的想法，努力克服困难；第二，寄养家庭周围有很多性格开朗的同龄小朋友，可以促进他与小伙伴之间的情感交流；第三，促进学校的老师、同学与他的沟通和相处。工作人员定时和班主任沟通，了解他的日常表现等。社交圈子的扩大，对他来说也是交流范围的扩大，有利于促进其人际沟通能力的发展。

5. 进行积极行为训练。行为问题方面，采取替代法、阳性强化法等来促进良好行为的出现，树立积极行为。

四　服务介入

按照服务计划的设定，根据赵明明的具体情况，逐一开展以下服务。

1. 赵明明刚进入杭州市儿童福利院时，身上有疥疮，传染性极强。这种病使他更不敢和别人接触，怕传染给别人。病情成为他和别人交流的不利因素。我们及时带他到医院就诊，在福利院内派专人护理，进行隔离治疗，约2个月后彻底治愈，消除了和他人接触的顾虑。

2. 福利院的工作人员初步与赵明明交流，发现在交流时，他的眼睛总是不注视他人，似乎在逃避什么；言语也是少之又少，没事的时候喜欢自己看书、看电视。当工作人员告知赵明明可以到外面的普通学校里读书时，他的眼睛里放出了异样的光彩。工作人员以上学的问题作为切入点，慢慢地和他熟络起来。他表示喜欢上学，也愿意回到学校去。

3. 由于赵明明中断两年学业，无任何证明，加上福利院学生的特殊性等原因，寻找学校有些艰难。工作人员通过多次与校方沟通，最终有一所小学愿意接收他，并同意给学籍。工作人员带着赵明明来到学校，见过校方人员，并做了入校测试。之前他在救助管理站待了近两年，没有机会接触课本和学习，测试的结果不是非常理想。校方经过讨论后，同意让他在四年级跟读一年。在大家的努力下，赵明明终于可以上学，他也感到很开心。工作人员嘱咐他一定要努力学习，只有成绩提升了才能继续上学。

4. 杭州市儿童福利院开展寄养工作多年，寄养家庭资源丰富。综合各方面因素考虑，经赵明明同意后，给他配对了一户家庭。

寄养母亲金妈妈是一位家庭主妇，具有十余年寄养福利院孤残儿童的经验。金妈妈为人朴实，对儿童照顾入微。金妈妈的家庭经济状况良好，收入稳定，在当地属于中上等生活水平。家庭成员无不良嗜好和犯罪记录，家庭和睦，邻里关系融洽。该家庭新房子刚造好，窗明几净，卫生状况良好，房间充裕，可以为赵明明提供独立的卧室和书房。寄养家庭的金姐姐和姐夫均是大学本科毕业，并在事业单位工作。金姐姐和姐夫学历较高，可以为赵明明提供学业上的辅导，同时可以为他树立较好的榜样，促使他好好学习。

该家庭成员也愿意接受赵明明成为家庭中的一分子。金妈妈负责每天接送赵明明上学、放学。金姐姐负责晚上辅导赵明明写作业。

杭州市儿童福利院的工作人员一方面保持定时上门家访、及时了解情况、协调解决赵明明和寄养家庭遇到的困难；另一方面关注赵明明的学习和生活，如为他买了一些配套的习题册，希望他完成学校作业之后做一些习题，巩固提升自己当天学过的知识。赵明明在学校里的各项杂费和午餐费用，由福利院方面负责；同时福利院为他申请了助学金，每学期420元；寄养工作人员还为赵明明申请了每个月的零用钱，以供其购买一些学习上所需的物品。

5. 赵明明不善交流，有一定的自我封闭倾向。刚到寄养家庭和学校的时候，赵明明都不怎么说话，做的最多的事情就是看书。寄养部的工作人员利用他爱看书的习惯，在假期和双休日带他到书店看书。这样既满足了他的爱好，又可以让他多接触外面的世界。他最爱看一些探险类的书，工作人员就寻找共同话题，和他探讨书中情节。慢慢地，他的话开始多起来，也会和工作人员沟通交流。与工作人员接触多了以后，他有时候还会讲一些班级里的趣事。

6. 工作人员多次带赵明明外出活动。有一次带他出去看电影，同行的两个小伙伴活泼开朗，话语很多，一路上说个不停，而赵明明从上车到去电影院的路上都没有怎么说话，一直在听他们说。在工作人员的鼓励下，他开始和两个活泼的小伙伴交流。毕竟是同龄人，他们很快就有了共同语言。看电影的时候，工作人员特意选了男孩子喜欢的3D动作片，三个人都是第一次看3D电影，感觉超棒，视觉效果很刺激。电影散场后三人很自然地聊天，逛商场时赵明明已经开始主动和他们交流了。

7. 赵明明对魔术很感兴趣，工作人员给他买了一本变魔术的书。他空闲的时候会研究上面的魔术，不仅学会了，还作为特长在班级里表演、展示。同学们佩服他，他觉得很开心，生活中也更加自信。一次工作人员带他外出活动，赵明明还主动提出给工作人员表演魔术。工作人员也觉得神奇，请他解密，但是他坚持不肯透露。他已经开始学会用自己的特长让别人佩服自己，让同伴产生崇拜心理。

8. 领养是孤残儿童的最好归宿。赵明明是上天比较眷顾的孩子，他到杭州市儿童福利院半年左右就有一户家庭想要领养他，他也同意了。但是由于各种原因，这次领养没有成功。赵明明又从领养家庭回到了福利院，他对幸福家庭生活的憧憬就这样被打破。事后，赵明明很伤心，哭了很长一段时间，感觉自己又一次被遗弃，这给他造成了严重的心理阴影。当工作人员告知他可以再次被领养，比如国外领养，他坚决表示不去。问及原因时，他说是害怕被美国家庭领养后，再被送回来，还是回到福利院，这样不如不去。

了解到他内心的想法，工作人员收集了大量资料，向他展示院方被美国家庭领养的儿童发回来的照片，讲述身边的案例，他认识的某位小伙伴前不久去了美国,有了领养父母,现在生活很幸福,经常打电话到国内来。工作人员努力做他的思想工作,让他不要害怕,告诉他领养成功的例子很多,尽可能消除他的疑虑。

9. 赵明明内心的想法很多,但是他不怎么向别人诉说,有时候会在书房里自言自语。针对这一现象,工作人员多次与他交流沟通。在获得赵明明的充分信任后,工作人员得知,每当一件事情有两种处理方法时,赵明明的内心就会起争执,他会一人分饰正反方两个角色进行对话。工作人员告诉他下次内心再有反对意见的时候,可以和寄养家庭的成员沟通,请大家给一些建议,分辨哪种方法最好;或者向工作人员、学校老师求助,让他们帮助分析利弊,给出建议;也可以自己将正反方的利弊都罗列出来,择优选取。任何问题都会有很多处理方法,这样有利于促进事情的解决。

10. 据寄养母亲金妈妈反映,赵明明会在家里将餐巾纸团成小球,或者吃完零食以后将包装纸等藏在各个角落。针对这一情况,工作人员也与他进行了交流,了解到他这么做有时候只是因为无聊,就尽量多地给他安排双休活动,充实他的生活。赵明明喜欢玩纸,就让他做一些折纸的手工,替代没事就团餐巾纸小球的行为。针对他藏垃圾的问题,工作人员家访时和他一起整理房间,向他讲解保持房间清洁的好处,下次去检查时如发现房间保持得干净就表扬他,并以双休外出活动作为奖励。他每次都尽量表现得很好。

五 评估

经过杭州市儿童福利院工作人员坚持不懈的努力,两年之后赵明明各方面均发展较好:他现在成绩中等偏上,在学校里表现良好,语文成绩尤其突出,多次参加作文比赛,获得优异成绩;与同学关系良好,在班级里很有人缘;自己拥有的小小技能更是让同学佩服;他还经常将自己的课外书捐给班级的图书角,懂得付出和感恩。2016年,赵明明进入初中读书,他刻苦学习,期待自己将来能读个好大学。

赵明明和寄养家庭相处融洽,懂事乖巧。家里人都很喜欢他,对他学习方面的事情也很放心,经常鼓励他好好读书,将来出人头地。

赵明明现在与人相处时，会主动打招呼，很有礼貌；经常和工作人员沟通，有好消息会主动告诉工作人员；还主动要求锻炼自己，比如独自乘公交车外出，独自花钱去买东西。他的胆子大了，走路也不再低着头，各方面都朝着良好的方向发展。

关于领养方面，工作人员做了大量的思想工作之后，他也表示愿意被再次领养。目前工作人员正在准备相关的资料，为他的涉外领养报名。院方会为他寻找合适的家庭，希望他重获美好、幸福的家庭生活。

六　结案与跟进

以上情况表明，赵明明现在是一名积极向上的学生，各方面都发展较好。等待他的肯定会是美好而灿烂的明天。工作人员会积极为他解决生活和学习上出现的问题，促进他身心健康发展。对他的个案跟踪会继续，并不断根据情况做出调整。

以上问题得到解决后，本案例进入结案阶段。随着赵明明的成长，面临的问题也在不断变化，还会遇到诸多的问题，如升学、青少年期叛逆心理、对异性爱慕心理等，个案制订、介入的方法和模式会随着他的成长而呈动态变化。

七　个案反思

赵明明是寄养儿童中较为特别的一个，对他的个案跟踪对于他个人的健康成长来说具有重要意义。杭州市儿童福利院从他的实际出发，充分发挥机构、寄养家庭、学校、专业工作人员的力量，帮助他回归家庭、回归学校、继续学业。从现在的结果来看，此案例比较成功。

与此同时，杭州市儿童福利院也在充分发挥机构的力量，谨遵"为儿童服务"的理念，和寄养家庭合作，促使一大批儿童回归家庭、回归社会。让孤残儿童充分感受家庭的温暖，这有利于儿童健全人格的形成和发展。寄养工作的大力开展是大势所趋，相信会有越来越多的儿童回归家庭。我们也有信心将寄养工作做得更好。同时，每一个孩子都是一个特殊的个案，在成长的过程中，只有通过社会各界的帮助和支持，他们才能拥有美好的明天。

案例评析

　　本案例以特殊经历的儿童为服务对象，围绕外部支持系统建设和个体自身的成长、发展两个关键点，逐层递进、环环相扣地开展工作，不但取得了良好的干预成效，也为同类型案例的处理提供了示范模板，值得推广与学习。负责此案例的社区工作者以丰富的工作经验、清晰的工作思路，分析和确定服务对象赵明明的需求与问题，进而制订了相应的服务计划；在执行计划环节，通过对宏观系统、中观系统和微观系统的逐层介入，促使服务对象赵明明与环境和他人产生了越来越多的良性互动，并最终实现了服务对象赵明明"各方面都朝着良好的方向发展"。

　　但本案例也存在非常明显的不足，主要体现在服务介入环节。

　　一是对理论的实践应用不够。在对服务对象赵明明进行积极行为训练时，未把替代法、阳性强化法的核心内容与环节付诸实施，使得该方法在使用上流于说教。

　　二是只关注对服务对象的辅导和教化，以提高其适应环境的意识与能力，而忽略对环境的适应力训练。如针对赵明明的特殊心理需求和行为表现，缺少对金妈妈及其家人、儿童福利院的相关工作人员、小伙伴等的解释、说明，从而导致或可能导致他们在了解、理解、接纳、尊重赵明明方面的障碍和困扰，进而增加赵明明的心理和行为压力、降低其自信心。

　　三是关于"领养是孤残儿童的最好归宿"这一观点的探讨不够全面。从整个案例的进程中，我们可以理解工作人员的出发点是消除赵明明因领养失败而形成的心理阴影，但使用大量的成功领养事例做佐证，且推崇涉外领养，是否会导致几种暗示：福利院是不好的，家庭寄养是不好的，国内领养是不好的，等等。我们不否认引导服务对象树立对未来美好生活的理想和追求的重要性，但从社会工作专业理念的角度思考，针对类似于赵明明这样的有过特殊经历的服务对象，最好的应对措施应是训练他们接受并感恩"此时此地此状"。当有新的机会出现时，还要陪伴他们了解、理解未来的物理环境、人际环境，并尽可能做好相应的心理准备和行为建设。

厘清角色关系　乐享家庭生活个案

指导与评析：王淑玲
工 作 人 员：宋小玲
实 施 机 构：杭州市萧山区北干街道金风社区

一　接案

2014年4月14日20时许，社区工作者接到片区居民小组长电话，被告知该居民刚搬来不久的邻居室内聚集了很多男女，声音嘈杂似有人打架，但具体情况不清楚。社会工作者通知社区内夜巡队员上门查看，并火速赶往现场。到达现场后，社区工作者和夜巡队员针对情况，做了如下处理。

1. 控制事态发展，确定受伤人员是否需要入医院处理

三名夜巡队员第一时间赶到现场，当时该屋内有20多人，确实正在发生肢体冲突。夜巡队员亮明身份，拉开了混战中的双方，并拨打了110。

社区工作者赶到后，现场仍然乱哄哄的，但冲突事态已被初步控制住。社区工作者一边安抚现场人员情绪、了解情况，一边和夜巡队员一起逐一查看脸上、手上有明显外伤的当事人的伤情。这一过程中，冲突的双方开始安静下来。社区工作者又询问大家有没有那里不舒服，以免有人内脏或身体其他地方受伤。当事人均表示伤口不碍事，不需要马上去医院，先等警察来。

2. 安抚双方当事人的情绪，以免再起冲突

经过社区工作者和夜巡队员的劝慰，当事双方逐渐安静下来，不再争吵，但情绪都还非常激动。特别是一位50岁左右的妇女（后来得知是李某某的婆婆），由起初的抽噎突然转变成号啕大哭，声音充满了愤怒和委屈。旁边一个脸上挂彩的男士对社区工作者说："你看看，他们这么多人围着社区工作者们打骂……"话音未落马上传来对方大声的驳斥，形势又开始急转直下，幸亏警察同志及时赶到。简要登记情况后，受伤的3人被就近带至医院检查，其余人则被带至派出所配合调查。

3. 从北干派出所了解到的情况如下

（1）基本冲突情况：李某某[①]（女）与高某某（男）系一对夫妻。自结婚以来，夫妻多次吵闹，李某某公婆也掺和其中，每次吵架李某某都会赌气回娘家。这次是因为李某某已回娘家数月，高某某与其电话沟通后请了堂哥和自己一起去接妻子回家。但到了妻子娘家后，岳父母要求男方父母也一起来把事情说明白，才能把女儿接走。高某某不得不又回去接父母来到岳父家。

高某某回去接了父母再来到岳父家时，岳父家里已聚集了很多亲戚。岳父母同意高某某把自己的女儿接走，但一定要高某某和其父母做出不再欺负女儿李某某的保证，并当场质问高某某父母的种种不是。几个回合下来，双方话不投机，女方的表哥因年轻冲动，上前挥拳要打高某某。高父替儿子挡了一拳，于是双方呵斥推搡，乱成一团，直至夜巡队员赶到才分开。

---

① 文中人物皆为化名。

(2) 伤势情况：经医院检查，受伤 3 人身体均无大碍，只是高父脸上被挥了一拳后，左面颊红肿乌青。高某某与李某某表哥只是在拉扯中胳膊受了一点皮外伤。

(3) 当晚出警情况：鉴于打架是由夫妻问题引起的，与纯粹的打架斗殴有别。当时双方均未冷静下来，家庭纠纷有如乱麻，调解无法取得实质性进展，于是民警建议社区先做工作，对冲突双方的个人信息及事件有一个登记后，等过几天再处理。社区工作者表示认可，进一步安抚了双方的情绪，并留了相关人员的电话，同时特别照顾到李某某的处境，当即约好李某某 4 月 15 日上午在社区见面。

二 预估

1. 2014 年 4 月 15 日 10 时许，案主李某某如约来到社区办公室，社区工作者进行了第一次接访。

2. 2014 年 4 月 15 日下午，经事先电话联系高某某，社区工作者进行了上门走访。高父不在家，高某某和母亲在家。

3. 2014 年 4 月 16 日上午，社区工作者再次去事发地——女方娘家拜访了李父、李母，并和事发当天的亲戚和邻居有了一些零星、片断的交流。

4. 与高父约了好几次，高父态度诚恳表示欢迎，但都因为工作较忙没有约成，故社区工作者于 2014 年 4 月 18 日直接去了高父的公司，双方进行了一些交谈，而后转为频率较高的电话沟通。

综合所有人的叙述及社区工作者的细致观察后，基本家庭情况如下。

案主李某某，女，30 岁，公司出纳。丈夫高某某，与妻子同岁。夫妻均为萧山本地人，两人系媒人介绍认识，交往三个多月后结婚。至 2014 年结婚 2 年，暂未孕。双方都为独生子女，隔居萧山北干新城繁华地段，均系拆迁户，但属不同村。男方家境富裕，高父先前开纺织厂，转行后在物流基地开公司，年入 80 万～90 万元，家中又要拆迁，生活很是不错，也非常爱面子。高某某学历不高，没有固定工作，偶尔在其父公司帮忙，主权还是由高父掌握。李某某家境一般，父母均为敦厚农民。

婚后夫妻与男方父母同住，高父较为强势，家里大小事情都是他说了算。高母比较内向，不善言语，较固执，患有神经衰弱，晚上经常睡不好觉，儿子高某某是其精神依靠，母子关系亲密。

自结婚以来，李某某成熟外向又独立，而高某某缺乏主见，喜欢约朋友出去喝酒，回家后就是整夜上网，烟蒂多到烟灰缸都装不下，妻子觉得这样的生活很不好，而且不利于优生优育，夫妻为此经常吵闹。每次夫妻吵架，高父高母便会掺和进来，公婆不但不引导儿子高某某，反而责怪媳妇李某某太凶，连喝点酒、抽个烟都要管。高父更是买整箱的酒和烟给儿子，希望儿子只要不到外面惹事就好。高父在外做生意，看到朋友家的儿子因赌博输钱、外出嫖娼等惹下不少事端，导致其在教育儿子方面有些偏激，他认为儿子个性老实，出去闯天下肯定要吃亏，便让其在家过着衣来伸手、饭来张口的日子。高父只要求儿子在家好好待着，不要出去惹事就好。故李某某与公婆意见相左、矛盾较深，每次吵完架李某某都会赌气回娘家，更有一次因被公婆反锁在门外而报过警。李某某因此苦恼不堪，发展到后来，外向的她经常向亲戚邻居倾诉公婆的种种不是，也因此越发引起公婆的不满，矛盾也就越来越深。

经多方走访、面谈，以及对事情经过、现状的梳理，社区工作者总结出以下问题，也是最终导致两家发生冲突的根源。

1. 夫妻关系：因为结婚前认识时间较短，彼此了解不够，家庭观念、孕育观念、生活习惯不同而致夫妻产生矛盾，丈夫缺乏责任感和对父母的依赖性强，致使角色不清进而使夫妻之间出现冲突、危机。

2. 婆（公）媳关系：案主的婆婆和儿子关系太过亲密，公公又非常溺爱儿子，教育儿子的观念有偏差，存在病态家庭结构。案主李某某经常在邻居面前说公婆的不是，致使婆媳关系更加紧张，也让非常爱面子的公公觉得被邻居看了笑话而对媳妇冷眼相待，并放出话来："凭我们高家的条件，随便换个媳妇好了！"

3. 父子关系：高父偏激且不正确的教育观，导致高某某没有正式工作，也没想着要出去找工作（偶尔闲时去父亲公司转一下），从小养成的习惯致使其在生活及物质上完全依赖父亲。高父在家里是说一不二，其又是一个不注重过程的人，平时与儿子沟通交流很少，只是在金钱上给予满足。

4. 母（父）女关系：案主李某某是家里的独生女，虽说经济条件一般，但从没受过什么苦，所以，对公婆一家人的联合对抗，其深感不安与无力，致使李某某每次回家都向父母倾诉公婆的不是，父母觉得女儿在高家受了很大委屈，心里很是担心、不安与愤怒。

5. 亲家之间问题：因为沟通不畅，夫妻之间吵闹，引得亲家之间也是互相埋怨。出于天性，在保护自己儿女的同时，对对方充满了不满，以致引起冲突，而不能正确地引导夫妻双方，反而造成两家人冲突的升级。

三 服务计划

1. 目的：采用危机介入原则和理性情绪治疗模式解决首要问题，着重采用结构家庭治疗模式，并辅以认知行为理论和增能理论提高李某某、高某某及其家人的处事能力，缓解夫妻矛盾，厘清各自角色，改善家庭关系，最终得以恢复家庭功能。

2. 目标：根据问题的紧迫程度及解决问题的时间周期，制订如下服务计划。

（1）近期目标：当务之急是解决北干派出所已受理的打架案件，不让矛盾激化，妥善解决此次事件后，才能平安度过家庭危机期。

（2）远期目标：通过结构式家庭治疗模式和心理疏导，厘清家庭成员关系、角色分工，形成一个良好的家庭支持系统，创造一个良好的家庭环境，挖掘案主及其丈夫的潜力，激发他们的自尊和自信，增强他们的自我认识和自身能力，让他们认识到并改变目前的情况。

四 服务介入过程

（一）当务之急是妥善解决由打架引发的后续问题

2014年4月14日北干派出所受理案件后，经多次走访当事人，特别是与高父的多次沟通协调，取得了一定的效果。事件中的关键人物高父，从愤怒得一定要立案惩处对方的表哥，并扬言要让儿子离婚，转而降为赔偿10万元，并且要求对方赔礼道歉。社区工作者婉转地告知高父，婚姻是儿女自己的事情，如果不想让儿女的婚姻走到尽头，建议其可以考虑适当退步，所谓退一步海阔天空，这样可以显示高家人的宽容与大度，也可给儿子与儿媳的和好带来可能。

2014年4月21日，经派出所民警、社区工作者的协调，最后高父同意只让对方赔偿1000元，这让女方大大松了口气，夫妻的婚姻危机有了转机。

（二）着力解决整个家庭的问题

1. 针对夫妻李某某和高某某开展的工作

2014年4月15日10时，李某某如约来到社区办公室，社区工作者将其引领至温馨静谧的"心之韵社区服务中心"，看其一脸的倦容，社区工作者为其倒上一杯清茶，并给其靠垫让她靠在舒适的座椅上，缓缓引导其情绪宣泄。出乎意料的是，与昨晚在派出所不声不响的她不同，高某某时而情绪激动，时而抽噎哭泣，足足说了2个小时，至12点还没有停歇的意思。因为是第一次沟通，社区工作者只是非常专注地倾听，很少提问，着重于让李某某宣泄负面情绪。将结婚2年来的大事小事来了个淋漓尽致地畅诉。

在随后几次谈话中，社区工作者在舒缓其情绪的同时，给予同理心支持，肯定她的独立能干，但告诉她有矛盾时，一走了之不是明智之举，夫妻间的事情只能自己解决，并让其感受到，她身边的这个男子需要她好好引导，既然选择了这个男人，走进了婚姻的殿堂，那就不轻言放弃，陪着他一起慢慢成熟。社区工作者引导案主树立信心，相互沟通，一起建筑爱的港湾。

2014年4月16日上午，社区工作者约高某某进行了详谈，看得出高某某对李某某还是很有感情的，一直说妻子比自己能干，他也很想改变这个现状，但有时候实在是控制不住自己。社区工作者表示理解的同时，引导高某某思考：作为一个男人，自己的父母总有一天会老，不管愿不愿意，都要承担起作为一个丈夫、一个儿子的责任；往后有了宝宝，还要承担起为人父亲的责任。高某某有点触动，表示会改掉不良生活习惯。

在随后几次谈话中，社区工作者列出一个框架，让夫妻二人自己去商讨和决定计划进程。内容包括高某某逐渐减少抽烟、喝酒的次数，让生活有规律，并由妻子进行监督；李某某减少点工作，多和高某某出去旅游，到外面散散心，陶冶情操，增进夫妻感情。

2. 针对夫妻与双方父母的关系开展的工作

2014年4月15日下午，经事先电话联系高某某，社区工作者进行了上门走访。高父不在家，高母显得比较拘谨，不善言辞，但待人很客气。社区工作者关心地询问了高母身体状况，并称事情总会有个好去向的。闻言高母的眼泪就下来了，一直在说，社区工作者是想让他们（指夫妻）好的。社会工作者顺水推舟，让高母将这个想法表达给媳妇，很多时候都是因为沟通不畅而失去理解的好机会。再者，儿子已近而立之年，作为父母要学会放手，让他过自己的生活，不能干预太多，而且媳妇不让其儿子喝酒，也是为了优生优育，到时生个健康的大胖孙子。高母频频点头称是。

与高父约了好几次，但都因为其工作较忙而没有约成，故社区工作者于2014年4月18日直接去了高父的公司，公司开在传化物流基地内，高父很忙，电话不断，但很有序，是个非常能干的人。他只是透露，这个儿子让他操碎了心，心里很想家庭和睦，没有吵闹之事，但对如何教育儿子，他坦诚没有精力也不懂技巧。社区工作者表示非常理解作为父母的苦衷，但作为家庭的一分子，每个人都有自己的角色与责任分工，而且，儿子高某某毕竟已经30岁，应该让其独立思考与生活，让他成熟有担当，而不能包办、代替，永远呵护在掌心。可以考虑让儿子接管部分工作，一来锻炼他，二来也好有接班人。高父说以前儿子也来过公司，但出了一次纰漏之后，儿子就不愿来了。社区工作者告诉高父，儿子需要他好好地引导，要给其信心与鼓励，发掘他的潜能，只要尝试让儿子回公司来管理具体事情，一定可以看到他的成长。

2014年4月16日上午，社区工作者拜访了李父李母，他们都比较忠厚，是典型的农民。李某某每次回家都向父母倾诉公婆待她如何不好，丈夫也只听他父母的，等等。由此，李父李母总觉得女儿在高家受了很大委屈，心里很是担心、不安与愤怒。李父李母最后表示：内心希望女儿能够幸福，不想拆散他们。社区工作者表示非常理解，哪个父母不想自己的子女过得好呢？但有些时候，理性的劝慰比意气用事好多了，可以省去很多麻烦。经过这次事件，李父李母也懂得了支持女儿一定要理智行事，不从中添乱，做女儿坚强的后盾。其实，每个父母的初衷都是一样的，但需改变看法，改变策略，彼此沟通才能互相理解。

五 评估

按照服务计划，社区工作者提供了详尽的服务。

经过一系列的工作，基本解决了案主李某某一家的矛盾，厘清了家庭中各成员的责任和角色，夫妻关系、婆媳关系、父子关系、亲家关系等均有明显改善。

特别是夫妻李某某和高某某，经过多方努力，成长了不少，应对能力和角色认知由模糊转为清晰。他们对自己的改变非常自豪，愿意以崭新的姿态承担起责任，迎接新生命的到来（案例进行过程中，案主李某某已怀孕）。

六 结案及跟进

鉴于李某某一家的问题已基本解决，同时沟通能力和解决问题的能力也有所提高，故考虑结案。在提前告知的情况下，社区工作者于7月29日上午，在案主李某某家做最后一次的结案谈话，双方心情愉快，气氛和谐温馨，高母在织婴儿绒线衣，李某某一脸温馨地坐在沙发上，丈夫高某某在削水果。社区工作者认为是该"撤退"的时候了。当然，因李某某表现出来的不舍，社区工作者表示还会不定期进行电话联系，也非常欢迎其常来社区办公室坐坐。

七 工作感悟

通过这个案例，社区工作者深刻体会到，社会工作理论学起来容易，实际操作起来并不简单。此案中危机介入及时，但对后期运用家庭结构治疗模式时，深感专业不精。结构家庭治疗模式并不直接解决个人行为问题，而是致力于改变案主家庭的交往方式，个人的问题只是表象，家庭的问题才是真正原因，因此，社区工作者通过解决家庭中的几种病态家庭关系，以最终解决案主个人的问题。在此案中社工努力运用了此观点，也应用了包括尊重、倾听、引导、忠告、同感等个案技巧，特别是心理治疗模式，如果没有一定的功底，真的是如履薄冰，需慎之又慎，谨之又谨，以防自己变不成"心灵鸡汤"，反而成了"心灵杀手"，误导案主走错门，这也是社区工作者需要不断自省及防范的，社区工作者只有不断学习、实践，才能在老师及资深社区工作者的指引下，不断进步，将"助人自助"的社区工作精髓传承下去，并取得卓越成效。

案例评析

家庭问题犹如一团乱麻，牵牵扯扯，置身其间，每个家人都是受害者，也都是施害者。这是一个非常典型的家庭社会工作案例。负责此案例的社区工作者以丰富的工作经验，及时联系夜巡队员，双方协作一起介入冲突过程中，并遵循以人为本的理念，从关注生命安全和安抚情绪入手，一步一步开展工作。社区工作者在接案环节的处理和应对，是非常好的专业示范，值得推广与学习。介入过程中，社区工作者以结构家庭治疗模式和理性情绪治疗模式为理论指导，从改善当事人的情绪、改变当事人的认知、扭转家人间的关系三个方面，做了大量的沟通、疏导和引导工作，在一定程度上做到了对理论知识的灵活运用。

但本案例也存在非常明显的不足：预估环节对服务对象问题的描述太过笼统，缺少必要的概括和归类；服务计划环节只确定了目的和目标，缺少针对问题而设计的计划内容；服务介入环节则完全倾向于记流水账，未能体现出解决问题的重点和层次。同时，在对结构家庭治疗模式、理性情绪治疗模式两种理论的实践应用上也显得力不从心，未能把理论的核心内容与环节付诸实施，导致介入的重点落在了对所有当事人的情绪和认识进行个别辅导上，而缺少行为训练，如缺少对家庭成员间面对面的沟通和交流方式训练，缺少关系人间的互动练习等；评估环节以社会工作者的主观感受为主，缺少服务对象的评定，也没有专业的、量化的评估指标；结案和跟进环节则缺少结案后的跟进记录。

福利院寄养儿童 家庭支持网络构建个案

指导与评析： 王淑玲
工 作 人 员： 康　嘉
实 施 机 构： 杭州师范大学社会学系

一　案例介绍

（一）基本资料

郭某囡：女，2003年出生，出生时患有先天性脑瘫，后经检查属于肢体一级残疾。郭某囡的母亲已去世。郭某囡出生证、残疾证明、医保证明齐全。

郭某某：郭某囡的父亲，高中学历，城镇户籍，口咽癌患者，有低保、社保证明。

其他亲属：郭某囡还有爷爷奶奶，但两人的身体状况不好，照顾能力较弱。由于郭某囡身体情况的特殊性，爷爷奶奶没有抚养她的能力。

（二）案例的缘起

2014年，郭某某查出患有口咽癌，需入院治疗，患有脑瘫的女儿无人照料。2014年9月，郭某某将女儿郭某囡送到某儿童福利院寄养。

二 工作过程

（一）接案

进入儿童福利院后，郭某囡得到很好的照料。在院内康复人员的协助下，郭某囡的身体状况也有一点好转。但儿童福利院寄养只能缓解一时的困难，并不能从根本上解决郭某囡的家庭困境。为了改善郭某囡的家庭生活状况，儿童福利院社会工作者以"困境儿童阳光驿站"为依托，对郭某囡及其家庭开展个案服务。

（二）了解情况，进一步收集资料

查阅了郭某囡的档案材料后，社会工作者随即走访了相应的楼层护理员、指导员，深入了解郭某囡入院后的身体状况和适应情况。经了解，入院后的郭某囡已经可以适应儿童福利院的集体生活，习惯了没有爸爸的陪伴，并且能按照院方的时间安排完成一日三餐和日常的康复训练，哭闹次数相比以前也有所减少。

随后，社会工作者又去医院探访郭某囡的父亲郭某某，在交流、沟通的过程中，郭某某不时流露出把孩子送到儿童福利院寄养的愧疚感，并且很希望身体可以尽快康复，好将女儿带回家自己抚养。治疗期间，虽然承受着癌症治疗之苦，郭某某却时时刻刻牵挂着女儿，并会定期去儿童福利院探望。

在与郭某某交谈之后，社会工作者向主治医生了解他的病情。经了解，郭某某所患的口咽癌处于中期，若及时医治，癌细胞不扩散，郭某某有恢复的可能性，但治疗需要一大笔费用。

（三）分析与预估

若要实现郭某囡重归家庭，父亲郭某某是必要条件，但目前郭某某正在住院治疗，因此，郭某某的疾病问题是社会工作者需要解决的首要问题。

分析、整合多方了解到的资料，可以看出，困扰郭某囡及其家庭的问题主要有以下几个方面。

（1）郭某囡患有先天性脑瘫，存在智力和行为缺陷；

（2）郭某某身患口咽癌，存在生命危险；

（3）郭某囡家庭经济条件差，脑瘫和口咽癌对他们来说是很严峻的挑战；

（4）家庭支持网络单一，社会支持系统较弱。

（四）制订服务计划

1. 目标设定

（1）总目标：帮助郭某某寻求社会帮助，解决其就医问题，让郭某某的身体恢复健康；协助郭某某为郭某囡联系申请社会救助，让郭某囡的脑瘫病情在社会救助下得到缓解；获得亲属的支持，帮助照顾郭某囡，让郭某某有时间和精力工作，为郭某囡回归家庭生活提供基本的物质保障，让郭某囡能在家庭中感受到温暖及父爱。

（2）具体目标与工作计划：①协助郭某某寻求社会、政府及医院的支持，解决郭某某面临的就医困境，使其在社会的帮助下接受口咽癌治疗，并尽快恢复健康；②帮助郭某某为郭某囡联系、申请各类与脑瘫相关的政策支持、社会救助及康复机构，缓解郭某囡的病情，使其具备基本的生活自理能力；③帮助郭某某寻求亲属的理解与支持，强化郭某某的支持网络，请求亲属给予照顾郭某囡等方面的帮助，让郭某某有时间和精力工作，增加家庭收入。

2. 理论依据

（1）生态系统理论。生态系统理论指出系统是由要素或者子系统组成，系统内部各子系统之间、系统与环境之间相互作用、相互依存和相互关系，要求在处理系统问题时注意研究系统的结构与功能间的关系，重视提高系统的整体功能。因母亲去世，郭某囡的家庭结构不完整；因患癌症，父亲的角色功能难以正常发挥；因与周围环境互动缺失，其家庭的社会支持较弱。根据生态系统理论，在解决郭某囡的家庭困境问题时，需促进郭某某角色功能的发挥，并协助增强其家庭与社会环境的互动。

（2）人本主义理论。人本主义关注人的能力，强调人的内在价值，相信人有能力运用自己的理性控制自己的命运，决定自己的目的和行为方向。郭某囡的家庭由于贫困和疾病陷入困境，家庭功能难以正常发挥。如果政府或民间组织能给予政策或资金、人力支持，增强郭某囡家庭抗风险的能力，他们的困境就可以得到解决。

（3）社会支持理论。社会支持网络指的是个人通过与其他人的互动和接触，个人身份得以维持，并获得情绪支持、物质援助和服务等。对那些社会网络资源不足或利用社会网络能力不足的个人、家庭，社会工作者需要帮助他们扩大社会网络资源，提高其利用社会网络的能力。郭某囡家庭因缺少社会支持网络，在陷入困境时孤单、无助。在解决郭某囡家庭的困境问题时，需挖掘和扩大其社会支持网络，一方面巩固已有的社会支持，另一方面要协助其建构新的支持系统，以获得更多帮助。

（五）计划的实施

1. 寻求社会帮助，解决郭某某的就医难题

社会工作者在征得郭某某的同意后，将他的事例向救治其的医院和户籍所在的社区、街道通报，呼吁相关部门伸出援助之手，给予郭某某及其家庭力所能及的帮助。

获悉郭某某的家庭情况后，经过社会工作者和社区、街道的争取，其所在的医院同意缩减其医疗费用。同时，社区工作人员帮助郭某某办理城市低保、大病医疗补贴、残疾人补贴等各项手续的申报工作，并努力促成与辖区单位、社区志愿者、社区党员的结对帮扶工作。

最终，在社区、街道、医院等部门的帮助下，郭某某的手术正常进行，病情得到控制。

2. 联系申请脑瘫救助，为郭某囡争取康复治疗与资金帮扶

"困境儿童阳光驿站"是"婴儿安全岛"的转型升级，其期望通过政策引导架起困境家庭与各类社会救助间的桥梁。社会工作者依托"阳光驿站"，根据驿站的服务手册，帮助郭某囡获得以下救助。

(1) 市少儿医保，可以给予郭某囡脑瘫康复训练；

(2) 城乡医疗救助，可以给予郭某囡门诊救助、住院救助、二次救助三种医疗救助；

(3) 市残疾儿童抢救性康复，可按照每人每年12000元的最高救助金额，为郭某囡提供康复训练；

(4) "七彩梦行动计划"，可按照每年人均13200元，给予郭某囡康复训练和矫形器装配补助（训练12000元，矫形器1200元）；

(5) 壹基金"海洋天堂计划"，可提供共计4800元的康复专项补贴；

(6) 中国儿童少年基金会"启智基金"，可以给予郭某囡每疗程20000元的补助；

(7) 省民政康复中心，可以为郭某囡提供康复训练，所产生的康复费用定额减免。

在这些社会救助政策、机构、资源的帮助下，郭某囡的脑瘫康复治疗可以得到基本的保障。接下来就需要帮助郭某某巩固支持系统，为郭某囡创造可以在原生家庭生活的条件。

3. 寻求亲属的支持，增强郭某某的支持网络

在与郭某某协商后，社会工作者在郭某某的带领下到其弟弟家拜访，意图获得其弟弟的帮助。看到郭某某在门外敲门，其弟弟说什么也不愿意开门。在社会工作者的劝说下，郭某某弟弟才愿意开门与郭某某对话。郭某某向弟弟述说了自己的困境，请求弟弟给予一些帮助，但弟弟以家中能力有限为由，拒绝了郭某某的请求。其弟媳甚至鼓动郭某某把郭某囡丢弃，以减轻压力和负担。

听到郭某某弟媳的说法后，社会工作者告知其遗弃未成年人是违法的，需要负法律责任；而且郭某囡与郭某某有血缘关系，遇到任何困难都可以想办法去解决，不能将自己的孩子抛弃。

第一次与郭某某弟弟家的沟通以失败告终。社会工作者事后反思，发现在沟通过程中，郭某某弟弟的态度左右摇摆，郭某某弟媳的态度则十分强硬。于是社会工作者决定将郭某某弟弟作为沟通的突破口。

一周后，社会工作者单独去拜访郭某某的弟弟，将郭某某家庭的困境

如实告诉他,并告诉他离开家的孩子非常渴望家庭生活,得到家庭关怀和温暖,对郭某囡来说也不例外,他作为郭某囡的叔父,在能力允许的情况下,也可以为郭某囡多考虑考虑;另外,社会工作者告诉郭弟,他们只需要在郭某某白天上班的时候帮忙照看一下郭某囡,并不需要其他方面的投入。经过这一轮交谈,郭弟告诉社会工作者愿意帮助哥哥,但还需要做妻子的思想工作。

有了郭某某弟弟的支持,解决问题的突破口终于打开。几天后,社会工作者与郭某某再次到郭弟家沟通、交流。这一次,郭弟及其妻子都愿意给予郭某某帮助,帮忙照看小孩。

4. 为郭某某提供脑瘫康复技能培训,提升郭某某的自助能力

社会工作者在向儿童福利院领导说明郭某某的情况后,院方立即做出规划:为郭某囡提供免费的康复训练;为郭某某提供脑瘫康复技能训练,以保证郭某某可以随时为郭某囡做康复训练。

(六)评估与结案、跟进

在解决郭某囡家庭困境问题时,郭某某的身体康复是问题解决的前提和核心。随着郭某某身体的恢复,郭某囡家庭的困难也在社会工作者的引导下逐渐解决。

一段时间后,社会工作者进行了家庭回访,询问、了解郭某某目前的情况:郭某某已经找到工作;白天自己上班时,郭某囡由弟弟帮忙照顾,晚上接回家,并给她做一些康复训练;按照社会工作者提供的社会救助信息,郭某某申请的社会救助已经到位,他们给予郭某囡康复上的帮助和资金上的支持;经过多次康复训练,目前郭某囡的身体情况已经有所好转,能借助外力站起来,能自己握着勺子吃饭,能用手势表达自己的需求。

曾经几乎要破裂的家庭又重新燃起希望,郭某囡也摆脱了被抛弃的命运,她的生命被赋予新的意义。

三 服务反思

解决郭某囡家庭困境问题时,社会工作者主要运用了生态系统理论、

人本主义理论和社会支持理论。同时，以某儿童福利院的"困境儿童阳光驿站"为基础，并进行延伸、拓展，帮助郭某囡家庭功能重新得以恢复和发挥，让郭某囡能回归家庭生活。

（一）优点

（1）社会工作者以儿童福利院"困境儿童阳光驿站"为依托，给予郭某囡家庭帮助和支持。在个案服务过程中，社会工作者将郭某囡的困境需求与社会救助资源进行有效衔接，不仅满足了郭某囡的康复训练需要、填补了郭某囡康复治疗的资金缺口，还为社会救助资源的合理使用提供了有效的渠道。

（2）社会工作者协调儿童福利院资源，对郭某某进行脑瘫康复技巧和手法的训练、培训，让郭某某在日常生活中可以随时为女儿做康复训练，满足郭某囡的康复需求。

（3）在郭某某的身体恢复健康后，社会工作者建议他外出工作，以赚取能维持家庭基本生活的费用。此举的目的是让郭某某实现自助，进而增强其家庭功能，保障家庭的正常运作。

（4）充分挖掘、发挥人性中善良的本质，促使亲属间能相互帮助，增强郭某某的家庭支持系统，减轻其照顾女儿的压力，为郭某某外出工作创造条件。

（二）不足

（1）郭某囡的支持系统比较单一，可以依靠的力量只有父亲郭某某。而郭某某的综合能力及所拥有的资源都很有限，且存在健康风险，若其健康状况出现问题，郭某囡则极有可能再次陷入危机，成为困境儿童。

（2）在寻求郭某某亲属帮助的时候，社会工作者以强调郭某囡及其家庭的悲惨、困境为沟通核心，激起的更多是亲属的同情心。以同情心为支撑的帮助很脆弱、单薄，且极不稳定。在以后的生活中，如果郭某某及其家庭再出现危机，如何获得亲属们的持续帮助，是另一个不可避免的挑战。

案例评析

当一个家庭陷入困境，且无力承担和解决生存、养育、教育和个人发展等诸多方面的问题时，政策制度的保障、社会各界的救助、亲属和邻里的帮扶就变得尤为重要。本案例正是基于这样的思路开展社会工作。负责此案例的社会工作者以丰富的工作经验和良好的人道主义素养，从为服务对象及其家庭建构层次衔接的支持网络入手，既积极利用已有的政策资源、财力资源、人力资源，又针对性地创造、创新支持体系，达成了对外部环境的合理运用、改造和重建，进而促进服务对象个体的发展和提高，最终实现"助人自助"的社会工作专业宗旨。

本案例属于个案管理的范畴，社会工作者在介入过程中，需要整合、协调医生、康复治疗师、心理咨询师、儿童福利院护理人员、社区和街道工作人员、社区志愿者等专业人士的力量，共同完成对服务对象及其家庭的救助和帮扶。这也是社会工作实践在专业性、长效性方面的要求。社会工作者在本案例的介入过程中，更多是凭着一己的热情，进行零星的、碎片化的工作，虽然当前取得了一定的成效，但正如其反思郭弟的支持所言，是脆弱且禁不住变故的，是短期且经不起考验的。而深层次来说，这种缺陷并不是该社会工作者一人造成的，它在一定程度上反映了现今国内社会工作发展的现状，即缺少完善、长效的保障制度和政策；现有的保障制度和政策往往各为其主，缺少联合和配套机制；民众对现有保障制度和政策的了解不够、使用能力不足；社会工作体系的工作人员缺少联合、互动的组织和机制；专业社会工作人员的实践训练不够；等等。

构建支持系统的社区老年人个案

指导与评析：王淑玲
工　作　人　员：杨桂芳
实　施　机　构：杭州市西湖区翠苑街道翠苑四区社区

一　案例背景介绍

童师傅①是杭州人，现年70岁出头。他在青海劳教过30多年，18年前回到杭州。之后经人介绍与孟某某再婚，婚后两人没有生育子女。

孟某某有两个女儿，再婚时两个女儿均已成年，当时她们并未强烈反对母亲再婚，但之后对童师傅的意见挺多。

2013年底，孟某某要求离婚，童师傅不同意，其间与孟某某的子女发

---

① 文中人物皆为化名。

生争吵。随后，孟某某搬到小女儿处生活居住，并提起离婚诉讼。童师傅则与孟某某及其女儿断绝了一切往来。

因为劳教30多年的缘故，童师傅没有退休金，但由于妻子孟某某有退休金，他们不属于低保家庭，童师傅只能享受每月120元的城乡保险金。与妻子分居后，童师傅不得不通过捡废品卖钱来解决生存问题。

同时，童师傅身体健康状况也不好，不但有高血压、高血脂、高血糖，2012年还查出患有心脏肥大症。

二 问题分析

经过与童师傅本人交谈和走访邻居，社区工作者收集到了较详尽的信息资料。总体来看，童师傅面临的问题主要有以下几个方面。

1. 健康和医疗问题。服务对象童师傅年事已高，患有高血压、糖尿病等慢性疾病，行走不太方便。此外，2012年童师傅由于心脏病多次住院，出院后药不离身，需要经常回医院接受治疗。

2. 日常生活和照顾问题。由于童师傅的特殊经历，导致他目前既无子女照顾，也无亲友往来。童师傅平时生活尚能自理，但随着年龄的逐年增大，身体状况越来越差，日常的买菜烧饭等家务活都是随便将就一下，通常烧一锅饭菜就对付一天，生活质量极差。

3. 心理问题。疾病及经济拮据，加上目前的离婚官司，导致童师傅心理压力大，生活信心不足，悲观绝望，经常说"要同归于尽"这样的偏激言辞。因为有过很长时间的劳教经历，邻里、亲戚、朋友对他都很疏离，加上与老伴的离婚纠纷，与继女也断绝往来，身边无人陪伴，童师傅感到寂寞，情绪上郁郁寡欢，且脾气比较暴躁。

4. 经济和生活环境问题。童师傅唯一固定的经济来源是每月120元的城乡养老金，要解决每日必需的吃、穿、用度及医疗费用等，生活非常拮据。为增加收入，童师傅经常会捡一些废纸板、塑料瓶等换取生活费，他把各种废品堆积在家中，生活环境十分恶劣。

5. 与童师傅的妻子孟某某及继女的联系、沟通和协调问题。2013年底孟某某提出离婚，童师傅与孟某某的子女发生争吵后，孟某某搬走，双方再未联系过。因为他们还维持着婚姻关系，要解决童师傅的问题，必须找到另一方当事人，听取双方的意见和态度，进行沟通和协调。

三 服务计划

根据问题的紧迫程度及解决问题的时间周期，社区工作者制订了以下服务计划。

1. 解决童师傅的健康、医疗问题。利用翠苑四区社区"小红帽为民服务工作室"的资源，定期安排志愿者给服务对象测量血压、血糖，关注服务对象的健康状况。安排服务对象参加社区与辖区单位"浙江省立同德医院"组织的老年常见疾病，如高血压、糖尿病等健康讲座，拓展其人际关系，提升其健康意识。

2. 关注童师傅的日常生活和照顾问题。社区安排居家养老助老员、社会工作者、志愿者、社区党员、隔壁邻居等轮流照顾童师傅的饮食起居。

3. 与童师傅的妻子及继女取得联系。针对服务对象的情况，社区工作者在第一时间联系到杨警官，申请帮助联络童师傅的妻子孟某某，并促使双方坐下来沟通、协调、解决问题。

4. 对童师傅进行心理帮扶。安排社区工作者、社区心理咨询志愿者等与服务对象聊天、谈心，了解服务对象的过往经历，让服务对象感受到来自社会的温暖，帮助服务对象减轻心理压力，重塑生活信心。

5. 帮助童师傅减轻经济压力。一方面，申请结对帮扶、临时救助、困难边缘户救助等，帮助其解决生活困难问题；另一方面，与社区卫生服务站和辖区医疗机构联系，申办相关的医疗救助、补助等，减轻其在医疗费用方面的支出。

6. 针对老人的婚姻纠纷问题，如有需要，可邀请专业的律师，进行司法咨询、提供司法帮助。

7. 扩展性工作。针对翠苑四区社区老年人口比较多的实际情况，利用横幅、电子屏、黑板报等多种宣传途径，在全社区范围内倡导尊老爱幼、助人为乐的中华民族传统美德，全力打造"幸福和谐新四区"；利用辖区单位"浙江省立同德医院"的优势，营造关注老年人的身心健康、创建幸福和谐社区的氛围。

四 服务介入

根据服务计划的设定，开展以下服务。

1. 初步接触服务对象，建立专业关系。社区工作者在了解到社区里有这样一个独居老人之后，主动与服务对象童师傅进行接触。通过与服务对象以及周围邻居的聊天，社区工作者在了解服务对象的基本情况后，表示会尽可能帮助他渡过难关。

2. 社区工作者利用翠苑四区社区"小红帽为民服务工作室"的资源，定期陪同志愿者给服务对象测量血压、血糖，十分关注服务对象的健康状况。在此过程中，社区工作者经常趁机与服务对象进行聊天、谈心，进一步与服务对象建立专业关系，取得服务对象的信任。

3. 社区工作者向服务对象表示可以帮助其申请临时救助、困难边缘户救助等。针对服务对象经济拮据的情况，社区工作者想方设法为其申请结对帮扶、临时救助、困难边缘户救助等。社区工作者在社区主任的帮助下，经过与街道民政科领导沟通，完成了以下工作。

（1）及时为其申请了临时救助2000元，为童师傅解决燃眉之急；

（2）社区工作者在翠苑四区社区群团教育的社工协助下，将老人的情况在"翠苑四区在职党员QQ群"发布，之后有三位党员认领并结对为童师傅提供困难救助。

（3）在此过程中，由于服务对象年事已高、文化程度低，很多资料不知道该如何提供，社区工作者指导并协助其填写困难救助表格等。在社区工作者和社区领导的努力下，最终帮助服务对象办理完成了临时救助申请。

（4）其间，童师傅多次提出办理低保的申请。但由于童师傅当时尚未离婚，妻子孟某某每月有3000多元的退休工资，仍然是童师傅的法定抚养人，不符合目前杭州市申请办理低保的条件。针对这一情况，社区工作者一方面向老人耐心解释，并表示有任何符合的救助项目都会帮助其及时办理；另一方面，在社区民警的帮助下，社区工作者最终联系到了孟某某，告知孟某某履行法定的夫妻扶养义务,并由曹磊民警、社区综治委员一起,协调解决他们的离婚诉讼纠纷。

4. 针对童师傅体弱多病的情况,社区工作者在社区帮扶救助工作者的协助下,为童师傅申请办理了城镇医疗保险,减轻了服务对象的医疗费用压力。此外,在陪同志愿者上门为童师傅测量血压、血糖期间,社区工作者了解到童师傅日常服药的种类多,医药费负担较重,及时与社区卫生服务站陈春妍站长联系申报医疗救助和补助等,在陈站长的努力下,为其申请到了由卫生院免费为其提供高血压药的名额,切实减轻了童师傅的医疗费支出。

5. 主动邀请和安排服务对象参加社区与辖区单位"浙江省立同德医院"组织的老年常见疾病,如高血压、糖尿病等方面的健康讲座,拓展其人际关系,提升其健康意识。在同德医院金素萍副主任护师主讲的"CPR急救实践操作"课程中,童师傅与其他听课老人一起,实践、交谈均很积极,事后老人心情非常愉悦,并向社区工作者表示以后有这样的讲座还想来参加。

6. 协助童师傅解决婚姻纠纷问题。经过了解,律师、社区民警和社区工作者都认为当时办理离婚手续对童师傅不利,为此,社区工作者做了以下工作。

(1) 针对童师傅与孟某某的离婚诉讼纠纷,社区工作者联系法律志愿者高利亚律师,由高律师就离婚诉讼、老年人维权等问题进行详细的专业分析,给予童师傅参考意见,最后由童师傅自己做决定。

(2) 针对童师傅的一些偏激言辞和行为,如"要与孟某某以及其女儿同归于尽",在通电话时与孟某某大吵等,社区工作者邀请社区民警曹磊和综治委员做其思想工作,同时请社区的心理咨询师为其提供疏导咨询服务,促使童师傅认识到这些言辞和行为不利于问题的解决,甚至会有反作用。

(3) 2014年5月童师傅突然办理了离婚手续,社区工作者充分尊重老人的意见,并继续为其提供服务。

①根据其实际情况,协助其办理了低保手续,童师傅每月可以领到690元低保金,解决了温饱问题。

②协助为其办理廉租房申请手续。

③解决童师傅的居住问题。童师傅现在所住房子的产权在孟某某的小女儿名下，和孟某某离婚后，对方提出让童师傅立刻搬走。社区工作者在社区领导、社区民警的帮助下，与孟某某的小女儿、小女婿联系，经过多次沟通、多方面交谈，小女儿夫妇同意其住到廉租房审批下来为止。

7. 此后，针对童师傅独居在家的情况，社区工作者给予持续的关注。童师傅变得开朗、健谈，家里也不再堆积废旧可乐罐、塑料瓶等杂物，衣着较为整洁，生活质量有明显改善。

五 评估

经过社区工作者近两年的努力，童师傅表现出一些积极变化：心态平稳，交谈中不再表现出对疾病的恐惧和对生活的绝望，不再发表偏激的言辞；经济压力得以缓解，生活环境、衣食住行等均有所改善；与邻居联系较为密切，社区工作者去探望时，多次见他坐在单元门口与人聊天，偶尔还到社区的老年活动室转转，看看别人下棋和打麻将，性格逐渐开朗起来。

六 结案与反思

经过评估，本案例的服务计划和任务全部完成，服务介入情况良好，可以结案。社区工作者减少了上门的频率和电话联系的次数，并告知老人如果有事可以找邻居、社区寻求帮助。

结案初期，老人常会来社区或是打电话向社会工作者诉说一些自己遇到的困难和不如意，后逐渐减少，服务对象对社区的依赖也明显降低。

童师傅的案例并不是特例。翠苑四区社区老年人口众多、困难家庭较多，需要来自社会各界的帮助。在2014年度被评为"杭州市老年宜居社区"的基础上，根据习总书记社会主义核心价值观的指导思想，社区一方面加强道德讲堂、青少年课外学堂的孝文化，家风家训等思想方面的建设，另一方面联手辖区单位"浙江省立同德医院"，着力打造社区特色——"和谐幸福新四区"的健康生活圈，关注老年人的身心健康；同时利用在职党员进社区服务的契机，联合从事法律方面工作的党员志愿者提供维权和法律援助。一系列活动的开展,在全社区范围内营造出一种尊老爱幼、助人为乐的和谐氛围,让更多的老人在社区内能更幸福地安度晚年。

案例评析

本案是一个典型的独居、困难老人案例,在老年人口众多的杭州市老城区社区很有代表性。针对主要服务对象童师傅的多种需要,社区工作者依据专业的工作程序,一方面提供紧急援助,另一方面进行走访和调查了解情况,对问题进行了较具体、清晰的分析和归类。之后根据服务对象实际情况,制订一系列服务计划。在执行服务计划的过程中,根据问题的轻重缓急程度,社区工作者联系、筹措和链接多种人力、物力、财力资源,包括社区、"翠苑四区小红帽为民服务工作室"、志愿者、在职党员、共建单位、律师、民警等各力量,帮助服务对象解决困难、缓解压力、渡过难关、树立信心。整体来看,本案例处理得比较成功,尤其是制订服务计划环节和介入过程中建立起一个较为完整的社会支持系统,值得学习和推广。

但在社会工作的专业化、规范化方面,本案例还存在明显的不足。问题分析环节,所有的问题都凭借社区工作者的主观感受来确定,没有使用必要的量化评估工具,使得所有问题都很笼统,缺少具体的、量化的标定。这直接降低了后续环节的专业性和科学性,尤其是评估环节,评估的主要依据也是社区工作者的主观感受;服务计划环节则缺少对工作目的和目标的界定;服务介入环节,案例报告缺少对资源联系、筹措和链接的方式,时间安排,社会工作者与其衔接,资源彼此间衔接,资源合适度和有效性评估的记录。这一方面影响了案例报告的规范性,另一方面也不利于该系列方式的推广与传播。

第二编　小组社会工作（一）

"小天使"儿童成长小组

指导与评析：张　超　郑　蓉
工 作 人 员：（社工111班）刘　倩　康　嘉
实 施 机 构：杭州师范大学社会学系、杭州市儿童
　　　　　　福利院

一　小组背景

儿童是祖国的花朵，是人类的希望，他们天真活泼、诚实好动，但同时他们像花一样娇嫩，需要小到一个家庭，大到一个民族、国家的关注，他们是需要备受照顾、呵护和保护的对象。

随着社会经济的发展，人民的生活水平不断提高，对孩子的照料和教养能力也日渐增强，但并不是所有孩子都很幸运，可以在家庭中健康、快乐地成长，社会上有一些孩子，从小就由于各种原因缺失家庭的关怀和爱，父母的遗弃给这些可爱的孩子蒙上了巨大的心理阴影。虽然现在国家的社

会福利事业正逐步发展，这些生活在福利院的孩子也受到国家和社会的关爱，但社会大爱永远代替不了家庭小爱，这些孤残儿童除了身体残疾外，心理方面也存在不同程度的缺失，这对孩子将来的成长与发展是极为不利的。

在杭州市儿童福利院就生活着这样一群孩子，他们虽然或残疾，或患病，却依然积极向上，用心感悟社会的爱与温暖，但这些正面的表现依然难以保证他们心理的健全。笔者在对福利院里的孩子进行了解后发现这里的孩子在文明礼貌、人际交往等方面存在的问题。为了帮助福利院里的孩子讲文明、懂礼貌，能有效、正确地与他人沟通，笔者在对院里的儿童进行一系列评估后，针对他们目前存在的问题，运用小组工作的理念制订可行性方案，以小组活动的形式进行干预，希望在成长的道路上能助他们一臂之力。

二 理论框架

1. 小组动力学。它强调小组是一个动力整体，小组提供了一种情境，一方面小组成员依靠小组的力量、通过自我表露和自我观察来认识自己、修正自己，另一方面成员之间的互助和团结合作有助于成员发挥潜能、满足自我实现的需要。同时，在小组中通过正增强和模仿，可以实现期望行为的巩固和传播。

2. 社会学习理论。班杜拉的社会学习理论强调个人的行为是通过个人与环境的交互作用决定的，即行为、环境与个人内在因素三者相互影响，形成一种三角互动关系。人的大部分行为是通过观察他人、模仿他人学会的，对榜样的观察学习是学习新行为的条件。通过小组活动，我们可以为组员提供学习成长的良好环境和氛围，提高其表达自我、沟通、互助合作等能力。同时，组员可通过观察别人学习来进行自我调节，实现共同成长。

3. 马斯洛的需要层次理论。马斯洛认为，人们有五个层次的需要，按照从低到高的顺序分别是生理需要、安全需要、归属和爱的需要、尊重的需要、自我实现的需要。如果个人的生理和安全需要都得到了满足，那么就会出现感情、友谊和归宿的需要，如渴望父母、同学、老师等对其表现爱护、关怀和温暖。他们还渴望自己有所归属，被人认同和肯定。同时更高层次的就是尊重和自我实现的需要，尊重需要得到满足，才能使人对自己充满信心。福利院儿童因为在福利院的大环境下成长，情感需求得不到满足，通过小组活动的开展，可以促进组员之间的交流，增进彼此的友谊，并且让组员体会并感恩身边老师和护理员对自己的爱，满足其情感需要。

4. 人本主义理论。它强调以人为本，重视人的内在价值，相信人发展的潜能，自我实现是人类的重要需求之一。基于这个理论，我们相信每一位成员的潜能，帮助小组成员自我成长。

三　目标及目的

目标：秉承相互接纳、支持的原则，引导儿童养成良好的行为习惯；增强福利院儿童的人际交往能力，让他们学会与朋友友好相处，学会分享，体会互帮互助的快乐；帮助儿童健康快乐地成长。

目的：通过游戏增进儿童间的相互了解，在游戏中学会互帮互助；帮助儿童形成良好的行为习惯，学会用文明礼貌用语与人交流；帮助儿童学会用合适的方式表达自己的情感；体会互帮互助的合作精神，提高组员的团结合作能力；帮助儿童树立分享的价值观念，感受分享带来的快乐；让儿童在活动中学会感恩，学会对身边的人表达爱与感谢。

四　服务对象

成长小组的服务对象为福利院儿童。

五　小组特征

1. 性质：成长教育小组。
2. 节数：七节。
3. 日期：2014 年 12 月 5 日至 2015 年 1 月 9 日。
4. 时间：具体见每次活动。
5. 地点：幼儿班教室。

6. 人数：共6人。

六　招募方法

组员自愿报名及老师推荐。

七　每节活动安排

第一次活动："微笑你我"——初相见

日期及整节活动时间：12月5日18：00—19：00

活动时间	目标	内容	所需物资
5分钟	让组员对小组活动有初步的了解	社工自我介绍并简单介绍小组活动的名称、目的及六次活动的流程	PPT、胸牌
15分钟	以游戏的形式活跃现场氛围，让组员相互认识、了解	游戏——"桃花朵朵开" 玩法：大家围成圈，向左或向右跑起来，主持人问"桃花朵朵开"，组员问"开几朵"，主持人任意说出一个数字，组员需要按那个数字迅速抱在一起，不能多也不能少，多出来的组员自我介绍（自我介绍内容包括自己的姓名、特长、爱好等）	PPT、背景音乐
10分钟	培养组员对小组的归属感，提升小组的凝聚力	"契约树" 邀请组员说说活动中的注意事项，制定小组契约，确保小组活动有序进行	PPT、画有大树的纸
10分钟	活跃现场气氛	游戏——"兔子舞" 玩法：大家围成一圈，把手放到前一个人肩上，伴着音乐跳舞蹈	PPT、兔子舞背景音乐、兔子头饰
10分钟	活跃现场气氛，进一步让组员增进了解	游戏——"水果蹲" 玩法：每个组员给自己起一个水果名，由主持人先说"××蹲，××蹲，××蹲完××蹲"，如果自己的水果名字被喊到，那个人须立即蹲下，没有及时蹲下的同学则需要向大家介绍自己在活动中认识的小朋友（介绍内容包括姓名、特长、爱好等）	PPT、背景音乐、水果头饰
10分钟	分享这次活动的意义，介绍下次活动的内容	邀请组员发表自己对这次聚会的感受，并简单介绍下次活动的安排	—

第二次活动：讲文明、懂礼貌

日期及整节活动时间：12月6日9：00—10：00

活动时间	目标	内容	所需物资
5分钟	回顾第一次活动内容和小组契约树，以便有序地开展活动	与孩子一起回顾第一次活动内容，强调小组活动的规则	契约树
10分钟	开场游戏，活跃气氛，调动组员积极性	游戏——抢凳子 方法：1.把比人数少一张椅子数目的椅子围成一圈，小组成员围站在凳子外圈；2.主持人播放音乐，组员随着音乐声围着圈走动起来，音乐声一停止就马上抢凳子坐下，没坐到凳子的淘汰，淘汰者在一旁担任裁判；3.每轮比赛后主持人要减少一把凳子，直到最终决出冠军，并授以"凳子王"称号	音乐、椅子、"凳子王"小奖牌
25分钟	通过不文明现象的视频赏析和情境模拟教导组员要养成讲文明的好习惯	情境模拟 选取组员生活化的场景进行视频教育和情境模拟，发挥组员的主观能动性，让组员自己发现问题，加深印象。 1.文明礼貌用语挂嘴边，如"谢谢""对不起""老师好""阿姨好"等； 2.文明小标兵，不说脏话，不骂人； 3.学会尊重他人作品及成果，不随意破坏他人物品； 4.友好待人，不动手推人、打人； 5.学会谦让，不争抢	视频、情境模拟小剧本
5分钟	组员讨论交流，加深印象，在生活中做到讲文明懂礼貌	经过上一环节活动让组员交流讨论自己学到的内容，一起交流、总结今后该怎么做	—
10分钟	通过欣赏儿歌，强化讲文明、懂礼貌的意识	欣赏儿歌《讲文明懂礼貌》 先听儿歌，主持人对儿歌内容进行讲解，让组员跟唱	儿歌音乐、歌词
5分钟	总结本次活动内容，使工作人员了解目标达成情况，并以此完善下一次的活动	邀请小组成员说出对本次活动的收获、看法；通知下次活动的主要内容以及时间地点等实际情况	—

第三次活动：沟通从心开始

日期及整节活动时间：12月12日 18：00—19：00

活动时间	目标	内容	所需物资
5分钟	小组活动具有连贯性，带动组员进入活动氛围	与组员一起回顾上次活动的内容	—
10分钟	活跃气氛，为后面的活动做准备	游戏——运气球 玩法：两人一组，背靠背，中间夹住一个吹大的气球，两人配合运送气球；如果气球在途中爆炸或者从背上溜走，就得重新从起点开始；最先到终点的组获胜，获胜组获得"运气球小达人"称号并获得小奖品	小奖品、气球、"运气球小达人"的小奖牌
10分钟	以游戏、分享感受的形式让组员懂得沟通、交流的重要性	游戏——"你来表演，我来猜" 玩法：组员分成三组，出示四类词语，三组成员以猜拳形式决定本组要猜词语的类型；游戏时，一人看纸条上的词语，通过道具、动作等表达词语，但不能说出词语中的任何一个字，另一个人根据搭档的表演来猜测词语，一分钟两人互换继续游戏，但不同的是这次两人可以相互沟通，时间持续一分钟，两分钟后猜出词语最多的小组获胜，获胜组获得小奖品	词语卡片、小奖品
5分钟	分享、交流	组员相互交流，分享参与"你来表演，我来猜"的感受	—
15分钟	让组员在角色扮演与感受分享中能正确表达自己的需求和情绪	角色扮演 具体内容：选取组员生活中的小场景作为角色扮演的背景，让组员根据场景来展现自己在情境中的反应，对于好的方面予以表扬，不好的方面予以指正并鼓励成员做出改变。 1. 自己最喜欢的东西被其他小孩抢走，你会怎么办？ 2. 你很想要别人的玩具，你会怎么做？ 3. 如果老师给你调的座位你不喜欢，你会怎么办？	PPT
10分钟		组员相互交流，分享角色扮演的收获	—

活动时间	目标	内容	所需物资
5分钟	分享组员对活动的感受，介绍下次活动的内容	邀请组员分享对本次活动的感受，并提出对下次活动的要求或者期望； 社工说明这次活动的主旨是学会沟通与表达，鼓励组员在生活中学会沟通与表达	—

第四次活动：互助合作，快乐成长

日期及整节活动时间：12月18日18：00—19：00

活动时间	目标	内容	所需物资
5分钟	回顾上次活动内容及过程	回顾上次活动内容，加深印象	—
10分钟	开场游戏，活跃气氛，锻炼组员创造力和观察力	暖场游戏——大风吹 规则：椅子围坐在一起，一人站中间说"大风吹"，其他人齐问"吹什么"，说的人要说一个特征，具有此特征的人就要站起来交换位置，无此特征的人原地不动，特征可以是性别、衣服颜色、材质等	—
30分钟	通过游戏，让组员体会互助和合作的重要性，并在生活中学会帮助他人和团结合作	游戏——蒙眼贴五官 规则：两人一组，一人蒙眼，一人指挥，指挥的人只能用说的方式指引蒙眼的学生贴人的五官，不能用手帮助，看谁贴得最好（社工协助）	眼、鼻、嘴的磁卡，红领巾，黑板，粉笔
		游戏——抛皮球（四人合作） 规则：四人一组，分工进行，一人接球、一人抛球，两人分别在两侧捡球，1分钟之内看哪一组进球次数最多，捡球和抛球的人可轮流换，每人投三球	皮球若干、篮子
5分钟	组员讨论交流，懂得相互帮助和合作的道理	组员交流讨论自己的感受，发表意见，主持人加以引导和总结	—
10分钟	总结本次活动内容，使工作人员了解目标达成情况，完善下一次的活动	邀请小组成员说出对本次活动的收获、看法；通知下次活动的主要内容以及时间地点等实际情况	—

第五次活动：分享生活，传递快乐

日期及活动时间：12月26日18：00—19：00

活动时间	目标	内容	所需物资
5分钟	带动组员进入活动氛围	与组员一起回顾上次活动内容	—
	活跃现场气氛，在游戏中让组员学会分享	游戏——"三人四足" 玩法：三人一组，将站在中间的人的两只脚分别与边上两人的脚绑定，三人一起配合向前进，看哪组走得又稳又快	背景音乐、带子
20分钟	以游戏、组员分享的形式让组员感受分享的快乐	游戏——"小白兔送松果" 玩法：1. 请两名组员扮演松鼠，到河对岸准备接收松果，其他组员扮演小白兔；2. 游戏开始时主持人对组员说，"小朋友们，河对岸的小松鼠没有吃东西了，我们把自己的松果运过河给他们吃吧"；3. "小白兔"分成两组给"小松鼠"送松果；4. "小白兔"双脚连续跳跳过小跨栏，走过独木桥，踩着高跷把松果送给"小松鼠"，绕过"大树"返回，拍第二个"小白兔"的手，依次完成，速度最快的小组获胜，获胜的小组获得"最有爱小白兔"的称号	绳子、小凳子、球、"最有爱小白兔"称号的小奖牌等
5分钟	通过分享传递快乐	组员相互交流，分享感受	—
20分钟	体验涂色的乐趣，分享自己的作品	"多彩动物园" 1. 社工将组员分组，发放印各种小动物的纸张和彩笔，要求每人完成动物涂色，最后展示； 2. 组员各自进行涂色，发放森林场景图片和胶水，让每组组员将自己的作品粘贴到森林图片中； 3. 展示每组组员作品，点评作品优点	纸张、彩色笔、小动物和森林的图片、胶水
10分钟	分享组员的感受，介绍下次活动的内容	邀请组员分享对本次活动的感受，并提出对下次活动的要求或者期望； 社工说明这次活动的主旨是分享，希望组员在平时的生活中懂得与他人分享自己的快乐	—

第六次活动："感恩的心"——元旦卡片制作

日期及整节活动时间：12月29日18：00—19：00

目标：通过学生亲手制作卡片让学生感受到护理员和老师的辛苦，表达自己对他们的感谢，同时也让老师和护理员感受到节日的温暖和快乐。

内容：

1. 分发彩纸，社工教学生写字，让有能力的孩子临摹，能力较差的孩子进行描画。

2. 分发印花机和小贴画，让孩子对卡片进行设计和装饰，完成卡片。

3. 总结展示作品，社工叮嘱送给老师和护理员。

所需物资：彩色卡纸、铅笔、彩笔、印花机、事先印好的各种图案的小贴画、胶水等。

第七次活动：感恩的心，感谢有你

日期及整节活动时间：1月9日18：00—19：00

活动时间	目标	内容	所需物资
5分钟	回顾上次活动内容及过程	回顾上次活动内容，引出感恩的话题	—
10分钟	开场游戏，活跃气氛。	游戏——老鼠笼 规则：将人员分为两组，一组当老鼠，另一组手拉手当老鼠笼将老鼠围住，当老鼠笼的组员要边唱童谣边绕圈走，当说到"咔嚓"一声时，老鼠要试着跑出笼外，老鼠笼的组员可用手拦和抓住老鼠，被抓住的老鼠加入老鼠笼的行列，换组员进行	—
15分钟	感知和体会老师、护理员的教导与关爱	感知辛苦与爱 1. 老师的工作 内容：图片展示老师的工作和为孩子们做的事情，如上课、备课、教育、和孩子一起玩等，让组员感受到老师的良苦用心和谆谆教诲，感恩老师； 2. 护理员的工作 内容：图片展示护理员照顾学生、关爱学生做的辛苦工作，体会护理员的辛苦，感受他们对自己的爱，感恩护理员	PPT（现实生活中老师、护理员做事的图片）

续表

活动时间	目标	内容	所需物资
15 分钟	老师、护理员表达对孩子的感谢，提高孩子的自信心	播放视频 播放事先拍好的老师、护理员对孩子感谢的视频，引导孩子一起感受自己的优点，鼓励保持优点，增加信心	感恩视频
10 分钟	回顾整个的活动内容，感受组员的进步与变化，交流自己的收获	回顾总结 1. 回顾六次活动的主题和内容，让学生加深印象； 2. 感受变化 事先将组员名字写在纸条上，让组员随机抽取一张，说说自己抽到的人的进步或优点，也可鼓动大家一起说； 3. 组员分享自己的收获和感受，主持人总结	PPT（前5次活动照片、内容）、名字纸条
5 分钟	小组正式结束	社工总结，送小礼品和照片，合影，正式宣告小组结束	小礼品、照片相册

八 所需物资

纸和笔、契约树、评估表：15 元。

照片：50 元。

小零食：50 元。

卡片、礼物：50 元。

九 应变计划

预计困难	应对方法
活动刚开始时组员的参与度不高	社工带动参与或者小礼品奖励参与
组员跟不上进度	放缓整个活动的进程，保证组员的及时参与； 多多给予鼓励和支持，增加彼此间的互动和交流
组员会出现一些负面情绪	社工简单的疏导，如果仍然存在负面情绪，寻求老师的干预
角色扮演环节组员表现的行为不符合社工的期望	积极鼓励组员如实表现，如果还不能真实呈现不好行为，则由社工成员角色扮演，组员参与点评

十　评估方法

1. 在小组活动最后一节时，组员完成评估问卷，比较活动前后的转变和改善。
2. 小组成员分享自己参加活动的感受以及对整个活动的意见。
3. 依据小组成员的出勤率和参与率对这次活动的效果做出评估。
4. 透过与组员的交谈了解他们对小组的感受及意见。
5. 依据社工在这个活动中对小组成员的观察做出评估。

案例评析

"小天使"儿童成长小组由两名社工学生在杭州市儿童福利院毕业实习的过程中策划并实施完成。在小组前期，工作人员已与服务对象进行了两个多月的相处，建立了良好的信任关系，需求评估也在此基础上完成。小组以小组动力学和社会学习等理论为基础，力图通过多样化的小组活动促进积极的小组动力，向服务对象传递"互助"、"分享"和"感恩"等价值理念。小组活动设计紧密联系小组目标，活动内容由浅入深、循序渐进，贴合福利院孤残儿童的需求，取得了良好的服务效果。小组的不足之处在于由于时间原因，后期的小组评估显得比较仓促，未能很好地整理服务对象的意见和建议。

"我们是快乐的小巷总理"社工成长小组

指导与评析：张　超　郑　蓉
工作人员：（社工101班第七实训小组）　瓮翰清
　　　　　黄如意　吴　恬　程洁芬　邵妍妍
　　　　　何思慧
实施机构：杭州师范大学社会学系、杭州市下城
　　　　　区潮鸣街道

一　小组背景

社区工作者队伍建设对于社区建设和社会发展的重要性不言而喻。社区工作者扮演着社区问题的关注者和调解者、社区活动的倡导者和组织者、社区服务的提供者和监督者、社会政策的宣传者和教育者等多重角色，在解决基层社会问题、服务居民、维护社会稳定等方面起着不可替代的作用。然而，由于目前社区管理体制不健全、社工职业化处于起步阶段、社区居

民需要多元化等各种原因，我国的社区工作者往往同时面临队伍不稳定、工作压力大、职业认同度低、待遇偏低、社区事务行政化制约等多重问题。这些问题的存在给社工队伍建设和社工自身成长造成很大困扰。

基于以上背景，笔者和下城区潮鸣街道合作，拟在所巷社区开展社工成长小组，针对影响和困扰社工的一些共性问题开展专业化的小组服务，希望通过多样化的小组活动协助社工更好地认识自身的能力和社区面临的问题，提升服务居民的素质和能力，促进职业认同、助跑职业成长。

二 理论架构

（一）小组动力学理论

小组动力学理论的基本观点有：第一，小组一旦产生就会产生一个心理场域，组员进入小组就进入一个由自身及不同的力量和变量组成的心理场域中，个人和这种心理场域相互作用和影响，小组动力由此形成。第二，小组工作的核心任务之一是催化凝聚力的发生和提高，凝聚力的形成必须以成员积极互动和交流开展的共同生活为中介。第三，小组动力的主要因素包括输入因素（成员特性、小组特性、领导者）、过程因素（沟通方式和内容、领导者素质和领导方式技巧）和输出因素（成员的改变、小组的进展和机构的发展）。

根据小组动力学理论，笔者将要开展的社工成长小组是一个由各个组员的互动所形成的心理场域，所有小组活动的设计和开展均致力于提高凝聚力、提升动力，小组成员的改变和小组的进展均取决于小组动力的引导和培育。

（二）社会学习理论

社会学习理论建立在行为主义理论基础之上，不仅强调人类行为的习得性，即教育和环境的重要性，并且强调人的行为、思想、情感反应方式和行为不仅受直接经验影响，同时也受间接经验影响。行为与环境具有交互作用，观察和模仿学习是学习的重要过程，个人的认知在学习中发挥着重要作用。

笔者拟开展的社工成长小组就是一个进行社会学习的重要场所。在这里，每个社工都是一个资源库，大家通过分析各自的想法、经验和感受相互学习，通过学习别人的经验推动自己的成长进步；小组还可以提供丰富的替代强化的资源，社工在小组中不仅可以观察到各种各样的行为，还可以看到这些行为的后果，社工间分享的经历和经验材料可以为其他成员提供学习的榜样或者前车之鉴，充分发挥替代强化的作用。社工在小组中可以通过积极的社会学习获得改变、开发自身成长的潜能。

基于以上理论，笔者开设的社工成长小组遵循互惠模式的原则，采用民主的组织方式和开放的沟通方式，引导成员在小组互动中平等地表达自己的观点和分享各自的经验，致力于在互相学习和交流中不断提升小组动力、促进个人成长。小组活动形式主要有小组讨论、情境表演、小组游戏等，设计的主题活动尽量照顾社工需求，利于开放沟通氛围的形成。

三　小组目标

1. 促进社工更好地了解自身的能力和社区的需要；
2. 促进社工更好地认识自己的职业和角色定位；
3. 提升社工与居民沟通的技巧，培养抗挫能力；
4. 促进社工了解居民领袖培养和志愿者培训的方法；
5. 促进社区社工团队沟通和团队协作。

四　小组成员

1. 对象：所巷社区工作者。
2. 成员特征：关注自身的职业成长，希望提升职业素养，更好地服务居民的社工。

五　小组特征

1. 性质：结构性成长小组。
2. 节数：6 节。

3. 日期：2012年9月19日至10月31日。

4. 时间：每周三14：30—15：40（具体以每次活动为准）。

5. 人数：13人。

6. 小组组成方法：自愿报名。

7. 活动地点：东园公园二楼活动室。

六 程序计划及日程安排

次数	主题活动	时间
第一次	相互认识和小组契约	9月19日14：30—15：40
第二次	社区面面观	9月26日14：30—15：40
第三次	社工职业认同和角色定位	10月10日14：30—15：40
第四次	与居民沟通技巧	10月17日14：30—15：40
第五次	社区居民领袖培养和志愿者管理	10月24日14：30—15：40
第六次	加油！社工	10月31日14：30—15：40

七 小组活动历程

第一次活动：相互认识和小组契约

日期及整节活动时间：9月19日14：00—15：10

活动时间	目标	内容	所需物资
15分钟	1. 促进组员打破僵局，活跃气氛； 2. 体会团队合作的作用	1. 组长宣布开组，简要介绍小组背景和进行自我介绍； 2. 破冰游戏——解手链 做法：具体见附录 游戏反思：如何通过团队沟通和合作解决小组冲突？	—
20分钟	引导组员和工作员之间相互认识，促进组员沟通	初相识 组长和组员之间分别做自我介绍	"小组成员基本情况统计表"15份
10分钟	引导组员熟悉小组程序和内容，倾听组员意见	小组程序和活动介绍： 1. 工作员介绍小组的整体活动安排和基本程序，倾听组员的意见和期望； 2. 工作员介绍自己在小组中的角色以及对组员的期望	小组程序计划和日程安排15份

续表

活动时间	目标	内容	所需物资
15 分钟	引导组员明确小组契约及小组规范	签订小组契约 1. 工作员介绍小组契约的必要性和主要内容，澄清组员问题； 2. 在一致认同的小组契约上签字	"小组契约"15 份
10 分钟	总结分享	感受分享 1. 组员填写"小组活动评估表"，并分享此次活动的感受和意见； 2. 工作员小结	"小组活动评估表" 15 份

附录：

破冰游戏"解手链"做法：所有组员（必须是双数）围成一圈站立，一名组员先伸出右手，握住对面那个人的手，再举起左手，握住另外一个人的手。接下来请其他组员照着第一个组员同样的方法做，直到所有组员的手都彼此相握。

团队任务：请大家在不松手的情况下将这个手链解开，使小组成员呈现一个大圈或是两个套着的环。如果实在解不开，可允许组员决定相邻两只手断开一次，但再次进行时必须马上封闭。第一轮先分成两组分别进行，第二轮所有组员合并成一组进行。

第二次活动：社区面面观

日期及整节活动时间：9 月 26 日 14：30—15：40

活动时间	目标	内容	所需物资
15 分钟	活跃气氛，缓解组员间的紧张气氛	破冰游戏——"一元五角" 1. 女组员价值是一元，男组员价值是五角； 2. 工作人员说出一个数目，组员依据数目自由组合； 3. 每次尽快说出不同的数目，组员要迅速组合； 4. 找不到组的，就为输； 变化：男女的价格可随意调整，如男组员是一元，女组员是五角	—
10 分钟	应组员要求，放眼社区之外，讨论国家大事	一位组员开始，针对当前国际形势，就某一现象进行讨论，引入话题，现在大家对国内外大事都很了解，对社区里发生的事了解吗？	—

续表

活动时间	目标	内容	所需物资
30 分钟	使组员对社区有更全面的认识和了解	主题活动——击鼓传花 做法：1. 组员围成一圈，工作人员将一个小玩具交给其中一个组员，播放音乐，工作人员背对着他们暂停音乐，玩具在谁手上，谁就从 1~16 中选一个数字，回答上面的问题（数字不能重复选择，问题都与社区有关）； 2. 不知道答案的可以求助其他组员，但是每个人都只有 1 次求助的机会； 3. 求助机会用完，又无法回答的组员要表演一个小节目（唱歌、讲笑话等都可以）； 4. 回答准确的组员获得一个小礼品	1 个小玩具、15 个小礼品、多媒体设备、PPT
10 分钟	就如何更好地认识社区进行交流，解决成员的一些问题和疑惑	针对上面的环节中组员回答不准确的问题进行交流，促进组员更好地认识社区（此环节也可在上面的活动中穿插进行）	—
5 分钟	让组员表达对这次活动的感受	要求成员简单说出这次活动的感受，并填写"小组活动评估表"。	"小组活动评估表" 14 份。

预计困难及应变计划

预计困难	应变计划
组员在活动期间出现倦怠现象，参与活动的积极性和兴趣减退	经常关注他们，鼓励他们发问；听取组员对活动的看法并及时调整活动；工作者对组员的鼓励和对其进步的认可

第三次活动：社工职业认同和角色定位

日期及整节活动时间：10 月 10 日 14：30—15：40

活动时间	目标	内容	所需物资
10 分钟	活跃气氛，促进小组成员沟通和合作	游戏——拼图 做法：分成 2 组，每组选两名组员看原图一分钟，回到本组后说出看到的图片（只能描述，不能动手）	原图和原图碎片各 2 份
5 分钟	承前启后，提高组员提出意见和建议的积极性	组员意见反馈 将前两次活动中组员的意见和建议反馈给小组，鼓励组员提出更多的意见	"活动反馈汇总表" 3 份

活动时间	目标	内容	所需物资
20 分钟	彼此交流分享对社工这一职业的职业认同	情景剧——"同学聚会话社工" 由工作人员表演情景剧，让组员交流（也可通过游戏随机提问）：为什么选择社工这一职业？自己是如何理解社工这个职业？如何让家人朋友理解自己的职业？	—
15 分钟	交流作为社工的喜乐哀愁	结合上述情景剧，谈谈作为社工，哪些时候最开心？哪些时候最不开心？如何处理不开心的事？不开心是因为从事社工这个职业还是其他在职人员都会碰到的一些工作上的困难、人际交往问题等？	—
15 分钟	让组员感受到来自居民对自己工作的认可	DV 展示——居民眼中的社工 做法：播放事先录制好的视频片段，引导组员分享作为社工的快乐经历	视频
5 分钟	让组员表达对这次聚会的感受，并作活动评估	感受分享：请组员简要表达参加这次聚会的感受，并填写"小组活动评估表"	"小组活动评估表" 13 份

附录：第三次小组活动情景剧

主题

1. 反映社会上不同人对社工这一职业的各种理解和评判。

2. 彼此交流分享作为社会工作者自身对于职业的定位和职业认同。

具体内容

场景：参加工作后的高中老同学聚会。

人物：选择当今社会大学毕业的几个典型工作类型，如公务员 A、自主创业经商 B、出国深造留学 C、继承家族产业 D、公司小白领 E。其中一人扮演在社区工作的社工 W。

剧情背景：当年的高中同学许多年未见，彼此现在都各自有了工作甚至有了家庭，难得的老同学聚会，叙旧之余，大家聊得最多的就是目前的工作。

情境1：大家一见面格外亲切，聊到了当年高中的各种美好回忆，阵阵欢笑。

情境2：饭桌上，A引起有关目前工作的话题，A、B、C、D、E分别说了自己在工作岗位中面临的压力，轮到W时，说到自己在社区做社工，大家似乎一脸茫然，不同人对社工有不同的理解。

A认为：社工等同于街道工作人员，大学毕业的年轻人整天和街道社区的人打交道，处理些家长里短、鸡毛蒜皮的小事多屈才。不过也从另一个方面证明我国大陆地区社会工作在逐步走上发展道路。

B认为：社工等同于义工，纯属义务劳动，很高尚。

C认为：因为有留学背景，所以对社工这一行业有过接触，认为目前国外社工发展比较成熟，不论是国家还是民间都有成熟的发展模式，社工的社会认同度很高，社会地位也很高，但国内大多城市很少有专业的社工岗位，社工的待遇也不高。

D认为：挺锻炼人的，很多街道乡镇公务员都是从社工中招，有些城区的社区正职可以参加公选处级干部，认为是一个精神和物质都有收获的工作。

E认为：工作内容琐碎，主要是和老年人打交道，做公务员的事，拿农民工的工资。

情境3：当大家彼此发表过看法后，将问题抛向各组员，让他们谈一下自己作为社区的社工，当遇到类似的情境时，做何感想，自己又是如何让家人朋友理解自己的工作的，并交流分享自己对于社工的职业定位。

第四次活动：与居民沟通的技巧

日期及整节活动时间：10月17日 14：30—15：40

活动时间	目标	内容	所需物资
5分钟	1. 活跃气氛； 2. 导出下面的沟通主题	沟通游戏——"三分钟测试" 做法：发放"三分钟测试"资料，让组员在最短时间内按照说明做完所有动作； 思考：为什么会出错？	"三分钟测试"资料15份、笔13支
10分钟	引导组员反思沟通中容易犯的错误	居民沟通技巧学习和讨论 PPT演示："与居民沟通时容易犯的错误"	PPT

续表

活动时间	目标	内容	所需物资
10 分钟	1. 通过游戏思考信息传递过程中会产生的问题和沟通技巧的重要性； 2. 培养良好的听说习惯	"传话游戏" 分成两组，先由主持人把传话内容悄悄地口传给每一行的第一个社工，然后按座位顺序以最快速度往下传；最后一个社工接到话后，立即说出听到的内容 思考：沟通中信息扭曲的主要原因及应注意的沟通技巧是什么？	PPT
15 分钟	帮助组员学习基本沟通技巧——倾听	倾听技巧学习 由工作人员扮演居民现场表演一段情景剧；组员通过倾听，讨论分析居民讲述中的"客观事实"和"情绪"	"倾听技巧"PPT
20 分钟	1. 让组员站在居民角度体会感受； 2. 通过对居民感受的体会来反思沟通技巧的应用	社区小剧场 将组员分成两组，根据PPT中的情境要求，先后将情境表演出来（限时10分钟）；然后工作人员与组员讨论处理此情境的方法及经验（两组之间可以相互评价）	PPT
10 分钟	让组员表达对这次活动的感受和建议	邀请部分组员谈谈这次活动的感受和意见，填写"小组活动评估表"。	"小组活动评估表"13 份

附：**传话游戏：**

1. 小良赶着一群羊，半路遇到一只狼。

2. 天上七颗星，地下七块冰。

3. 请告诉方校长，明天进修学校的老师要到鼓二小学六年级二班听语文课。

4. 通知老年腰鼓队和合唱团明天下午两点半社区门口集合一起去参加社区文化活动。

第五次活动：社区居民领袖培养和志愿者管理

日期及整节活动时间：10 月 24 日 14：30—15：40

活动时间	目标	内容	所需物资
10 分钟	热身，进一步培养小组合作精神	开场游戏——小小岛 将组员分成两组，要求所有成员站在一张纸上，脚不能落在报纸之外，报纸逐渐变小；能站在更小报纸上的小组获胜	报纸若干张、小礼品 10 份

续表

活动时间	目标	内容	所需物资
10 分钟	上节知识回顾（倾听技巧）	"倾听"情景剧 由两名学生表演一段关于居民投诉的情景剧，组员分成两组分别在白纸上写出"事实"和"情绪"，复习上次活动所学的倾听技巧	PPT、白纸
25 分钟	让组员了解居民领袖的培养方法	头脑风暴话"领袖" 先以头脑风暴的形式围绕"领袖"展开自由联想；然后将小组组员分成三组，并分别在白纸上写出以下问题： 1. 居民领袖应该具备什么样的特质？ 2. 在日常工作中如何发现居民领袖？如何挖掘他们的潜力？ 3. 如何在社区的日常服务中发挥居民领袖的作用？	PPT、白纸 2 张、彩色记号笔若干个
20 分钟	让组员明确志愿者管理的主要内容	组员围坐，以丢线球的方法，讨论以下问题： 1. 志愿者管理包括哪些内容？ 2. 志愿者招募有哪些方式？如何建立稳定的志愿者队伍？ 3. 如何从社区志愿者中培养居民领袖？	线球、PPT
5 分钟	让组员对本次活动进行评估	交流此次活动的感受，发放纸笔填写"小组活动评估表"	纸笔、"小组活动评估表"13 份

第六次活动：加油！社工

日期及整体活动时间：10 月 31 日 14：30—15：30

活动时间	目标	内容	所需物资
10 分钟	调动组员情绪，进一步促进团队合作氛围	团队合作活动——"集体智慧" 做法：发放游戏表格，分成两组，分别在 10 分钟内做完；正确率高的团队胜出	集体智慧游戏表格 4 份
5 分钟	巩固上节活动所学	"志愿者管理"内容回顾	PPT
15 分钟	带领组员回顾小组历程，复习回顾	活动——"回忆" 播放关于前五次小组活动的 PPT，组员和工作员一起回顾曾经走过的全部活动，重温小组活动内容和知识点	PPT

续表

活动时间	目标	内容	所需物资
15分钟	引导组员回顾成长历程，体会自身和小组的变化	活动——"成长足印" 1. 播放小组活动视频； 2. 成员分享在小组中的收获和成长，谈谈对小组的建议； 3. 工作人员小结	小组活动视频
5分钟	评估小组成效	活动——总结评估 填写"小组成效评估之成员评估表"	评估表13份
10分钟	通过告别活动处理离别情绪	活动——"告别" 1. 工作人员向全体社工赠送纪念品； 2. 社工全家福：合影留念	纪念品18份

八 评估方法

1. 从出席率及参与积极性、组员投入程度方面做评估。

2. 在活动结束之后，由小组成员一起交流收获，分享感受。

3. 根据组后填写的"小组活动评估表"进行量化评估。

附件一：小组契约

1. 为了自己和同伴的成长，我自愿加入小组。

2. 我力求开放自己，坦率真诚地与他人分享自己的经验和看法。

3. 我将保守小组的秘密，不在小组之外提及涉及个人隐私的内容。

4. 我遵守小组的纪律和制度，不迟到不早退；如遇工作、疾病或其他特殊情况，事先向组长请假；如果两次以上无法参加小组活动，视为退出小组。

5. 我愿意认清、尊重和表达自己的感受，但不会强迫自己在尴尬、不情愿的情况下表达出来。

6. 我愿意认真倾听其他成员的观点和感受，讨论时就事论事，不做人身攻击。

7. 我愿意与其他成员平均分享讨论的时间，讨论时不跑题。

8. 我愿意遵守以上约定,并签名为证。

立约人:

年 月 日

附件二:小组活动效果评估

第 1 次小组活动评估

参加组员 12 人,请假 2 人。

活动日期:2012 年 9 月 19 日

1—非常不符合 2—大部分不符合 3—不确定 4—基本符合 5—非常符合(括号内为平均分)

(1)我觉得小组是一个安全和值得信任的环境。(4.3)

(2)我觉得大家相互信任而且坦诚。(4.3)

(3)我能在小组活动中自由地表达我的看法和意见,而不必担心其他组员的批评指责。(4.3)

(4)小组成员都能对其他人表示应有的关注,聆听他人的发言。(4.6)

(5)我在小组中能够对他人的分享给予关注,能够仔细聆听。(4.8)

(6)我讲话没人听,而且经常被人打断。(1.1)

(7)我不想分享我的感受和经验。(1.3)

(8)参加小组让我觉得快乐而轻松。(3.8)

(9)参加小组使我对自己越来越有信心。(3.9)

(10)在小组中我乐于和其他人分享我的经验。(4.4)

(11)我对自己在小组中的表现是满意的。(3.8)

(12)我喜欢组长的领导方式。(4.6)

(13)我觉得在小组活动中能学到东西,小组聚会是有意义的。(4.3)

我认为在本次小组活动中能学到的是:

1. 对成员有新的认识;2. 民主协商;3. 其他成员的优点;4. 很多值得分享的事情。

我认为本次小组活动应该改进的是:

气氛可以更活跃一些。

第 2 次小组活动评估

参加组员 12 人，请假 1 人，1 名组员因两次请假根据"小组契约"规定主动退出。

活动日期：2012 年 9 月 26 日

1—非常不符合　2—大部分不符合　3—不确定　4—基本符合　5—非常符合（括号内为平均分）

（1）我觉得小组是一个安全和值得信任的环境。(4.4)

（2）我觉得大家相互信任而且坦诚。(4.3)

（3）我能在小组活动中自由地表达我的看法和意见，而不必担心其他组员的批评指责。(4.5)

（4）小组成员都能对其他人表示应有的关注，聆听他人的发言。(4.6)

（5）我在小组中能够对他人的分享给予关注，能够仔细聆听。(4.8)

（6）我讲话没人听，而且经常被人打断。(1.3)

（7）我不想分享我的感受和经验。(1.3)

（8）参加小组让我觉得快乐而轻松。(4.1)

（9）参加小组使我对自己越来越有信心。(3.8)

（10）在小组中我乐于和其他人分享我的经验。(4.4)

（11）我对自己在小组中的表现是满意的。(4)

（12）我喜欢组长的领导方式。(3.9)

（13）我觉得在小组活动中能学到东西，小组聚会是有意义的。(4.3)

我认为在本次小组活动中能学到的是：

1. 聆听；2. 互帮互助；3. 全面看待社区各方面的问题；4. 自信必胜。

我认为本次小组活动应该改进的是：1. 更平均地分配组员发言的时间；2. 老师可以在最后做一些总结；3. 时间控制不够有效。

第 3 次小组活动评估

参加组员 13 人。

活动日期：2012 年 10 月 10 日

1—非常不符合　2—大部分不符合　3—不确定　4—基本符合　5—非

常符合（括号内为平均分）

（1）我觉得小组是一个安全和值得信任的环境。（4.6）

（2）我觉得大家相互信任而且坦诚。（4.5）

（3）我能在小组活动中自由地表达我的看法和意见，而不必担心其他组员的批评指责。（4.6）

（4）小组成员都能对其他人表示应有的关注，聆听他人的发言。（4.7）

（5）我在小组中能够对他人的分享给予关注，能够仔细聆听。（4.8）

（6）我讲话没人听，而且经常被人打断。（1.5）

（7）我不想分享我的感受和经验。（1.3）

（8）参加小组让我觉得快乐而轻松。（4.2）

（9）参加小组使我对自己越来越有信心。（4.5）

（10）在小组中我乐于和其他人分享我的经验。（4.5）

（11）我对自己在小组中的表现是满意的。（4.2）

（12）我喜欢组长的领导方式。（4.1）

（13）我觉得在小组活动中能学到东西，小组聚会是有意义的。（4.3）

我认为在本次小组活动中能学到的是：

1. 对职业的认同感加强；2. 团队合作，有效沟通；3. 团队协作；4. 其他组员的工作体会；5. 不能只讲大概，而要追求细节；6. 更了解同事；7. 更了解自己和别人的想法；8. 分享经验；9. 活动让我们再次认识到社工的意义和工作的价值。

我认为本次小组活动应该改进的是：

1. 让更多的人发言；2. 学员回答时老师应于适当时给予引导；3. 光线稍黑，应在放 PPT 时再拉窗帘。

第 4 次小组活动评估

参加组员 13 人。

活动日期：2012 年 10 月 17 日

1—非常不符合　2—大部分不符合　3—不确定　4—基本符合　5—非常符合（括号内为平均分）

（1）我觉得小组是一个安全和值得信任的环境。（4.5）

（2）我觉得大家相互信任而且坦诚。（4.5）

（3）我能在小组活动中自由地表达我的看法和意见，而不必担心其他组员的批评指责。（4.4）

（4）小组成员都能对其他人表示应有的关注，聆听他人的发言。（4.7）

（5）我在小组中能够对他人的分享给予关注，能够仔细聆听。（4.8）

（6）我讲话没人听，而且经常被人打断。（1.8）

（7）我不想分享我的感受和经验。（1.3）

（8）参加小组让我觉得快乐而轻松。（4.4）

（9）参加小组使我对自己越来越有信心。（4.5）

（10）在小组中我乐于和其他人分享我的经验。（4.5）

（11）我对自己在小组中的表现是满意的。（4.4）

（12）我喜欢组长的领导方式。（4.3）

（13）我觉得在小组活动中能学到东西，小组聚会是有意义的。（4.6）

我认为在本次小组活动中能学到的是：

1. 能学到如何倾听，巧妙地运用身体语言，比如注视等技巧；2. 与居民沟通的艺术；3. 更多地了解社区和同事；4. 耐心倾听；5. 沟通的技巧和倾听；6. 如何正确地倾听；7. 倾听和沟通是居民工作中重要的手段；8. 团队合作是很重要的；9. 倾听、说话的技巧；10. 沟通方式很重要。

我认为本次小组活动应该改进的是：

1. 过程可以更紧凑些；2. 活动进程的控制，对无关话题要及时转移。

第 5 次小组活动评估

参加组员 12 人，1 人请假。

活动日期：2012 年 10 月 29 日

1—非常不符合　2—大部分不符合　3—不确定　4—基本符合　5—非常符合（括号内为平均分）

（1）我觉得小组是一个安全和值得信任的环境。（4.7）

（2）我觉得大家相互信任而且坦诚。（4.6）

（3）我能在小组活动中自由地表达我的看法和意见，而不必担心其他组员的批评指责。（4.5）

（4）小组成员都能对其他人表示应有的关注，聆听他人的发言。（4.6）

（5）我在小组中能够对他人的分享给予关注，能够仔细聆听。（4.8）

（6）我讲话没人听，而且经常被人打断。（1.3）

（7）我不想分享我的感受和经验。（1.3）

（8）参加小组让我觉得快乐而轻松。（4.6）

（9）参加小组使我对自己越来越有信心。（4.5）

（10）在小组中我乐于和其他人分享我的经验。（4.4）

（11）我对自己在小组中的表现是满意的。（4.5）

（12）我喜欢组长的领导方式。（4.4）

（13）我觉得在小组活动中能学到东西，小组聚会是有意义的。（4.5）

我认为在本次小组活动中能学到的是：

1. 团队合作；2. 认识到志愿者的范围；3. 了解社区志愿者的资源；4. 挖掘居民领袖；5. 进行志愿者管理；6. 更好地发挥社区居民领袖的作用；7. 沟通技能；8. 本次活动让我学会了居民领袖培养的重要性及志愿者的组织重点；9. 居民领袖的培养和激励志愿者。

我认为本次小组活动应该改进的是：

1. 活动时间太长，活动后期组员精神不容易集中；2. 控制别人发言的时间，让更多人有发言机会。

小组工作成效评估（总）

数为平均分，此次评估针对前面所有的五次活动。参加组员11人，2人请假。

一、你对自己在小组中的总体表现自评分为： 88.3分 （总分100分）

二、你认为通过我们的活动有没有达到预期小组目标？

```
     1         2         3         4         5
几乎没有达到                                完全达到
```

预期目标	评估分数
（1）促进社工更好地了解自身的能力和社区的需要	4.5
（2）促进社工更好地认识自己的职业	4.5

续表

预期目标	评估分数
（3）提升社工与居民沟通的技巧	4.6
（4）促进社工了解居民领袖培养和志愿者培训的方法	4.6
（5）促进社工团队沟通和合作	4.9

三、通过小组活动你感到自己有什么变化？

1. 更加了解社区的方方面面，更了解自己在什么方面不足；

2. 感到自己在工作中有所成长；

3. 认识到了自己更多的不足，要努力改变；

4. 沟通能力有了提升，对倾听有了更深的理解，思路突破了原有的框框，口才得到了锻炼；

5. 比以前更自信；

6. 开阔了思路，对社区其他社工有新的认识；

7. 小组活动让自己提升了沟通和合作能力，自己也对社区工作更自信；

8. 每次的参加都在放松状态下，并能敞开说话；

9. 从第一次活动时害羞地放不开到后来慢慢放开，愿意表达；

10. 把社工的理论知识和日常工作更紧密地结合；

11. 有一个宽松的氛围可以畅所欲言。

四、通过五次小组聚会，你得到了什么？

1. 对同事工作有了多方面的了解；

2. 觉得自己对工作有了新的认识，更融入社区集体，学到了许多社工专业知识；

3. 更多地了解社工这份工作，更多地了解同事；

4. 对社区各条线的工作思路、社区各社工平时工作的辛苦和经验有了更多的理解；

5. 得到了"领袖"气质；

6. 社工之间更加团结；

7. 通过五次小组聚会，学到更专业的社区知识和方法；

8. 看到了在工作之余同事们的另一面；

9. 逐步发展，对某些社工有了新的认识，通过分组做游戏、做答卷加深了相互了解，弥补了平时工作中联系合作的不足；

10. 学会了更好地与居民沟通，对自己的职业有了更大的认同，也学会与组员的合作；

11. 提升了沟通的技巧，加深了对团队和成员的认识。

五、你对我们今后开展社工成长小组有什么建议？

1. 更加实际，对今后工作的改进，更加明确；

2. 更需深入讨论，分析案例；

3. 有更多实际的东西；

4. 提供更多国外及我国港台地区、北京、上海和杭州的社工先进工作经验及教训，来对照自己的工作，从中发现提升点；

5. 请上海、广州等地的同行，向我们传授工作经验；

6. 多和同行交流，取长补短，提高工作能力；

7. 社工成长小组是利于社工的好的学习形式，希望以后开展内容更丰富的活动；

8. 更贴近社区的实际；

9. 希望今后社工成长小组能开展一些更切合实际的课程；

10. 具体且实际的工作交流，国外先进理念的学习；

11. 今后可针对负责同一条线的、来自不同社区的社工开展小组活动。

案例评析

"我们是快乐的小巷总理"社工成长小组是社会关系针对社区工作者所开的第一个小组。从前期的小组成员招募、需求评估、计划书的设计以及中期的小组实施和后期的总结评估，小组都按照规范程序进行，尤其是小组活动设计充分征求了服务对象的意见，每次活动后都做了评估。从小组效果看，服务对象参与积极性很高，对社工和小组在整体上都给予较高评价，并提出了很多具体建议。此小组尚有以下两个方面需要提升：第一，小组活动重点不突出，内容显得比较分散，由于时间有限，很多议题来不及深入探讨就结束，影响活动目标达成。今后类似的活动可考虑更加集中主题。第二，小组主要活动都是社工和成员之间以及成员相互之间的互动，缺少与其他同工的交流，难以让社工体会不同工作方法的差异，这一点很多组员在评估表中都有提到。今后类似的活动可以考虑增加外部资源的引入，尤其是请外地社工参与交流。

"奔跑吧，青春"青春健康同伴教育小组

指导与评析：张　超
工作人员：（社工121班）吴雨薇　曹梦玉
　　　　　　王晓峰　周帅帅　吴俊力
实施机构：杭州师范大学社会学系

一　小组理念

（一）问题界定

本小组服务对象是刚迈进大学校门的大一新生。原本沉浸在读书世界中的他们在突然面临青春健康问题的时候，会束手无策，无力应对。如何协助成员学会处理他们的青春问题，懂得如何好好保护自己以及帮助成员树立正确的性健康观念，将成为小组的焦点。

（二）需求评估

1. 大一新生在青春健康方面有困惑。

2. 大一新生对自身的充分了解将帮助他们更好地根据自己的自身特点做出更加合理、理性的选择。

3. 对可能出现的生理问题的预测和预防。

4. 对可能出现的心理问题的预测和预防。

（三）介入策略

介入模式的选择：交互模式，介入点既在新生个人，也在学校、家庭及社会的环境。通过这样的活动使小组成员对青春健康方面的知识有充分的了解。介入策略是通过小组成员的互动以及社工和组员的互动（同伴教育）来相互学习、协助认识性健康。

二 理论架构

小组主要运用了社会学习理论。社会学习理论的主要代表人物是美国心理学家阿尔伯特·班杜拉。社会学习理论认为人类行为的习得或行为的形成，不仅可以通过结果，而且可以通过榜样的示范达成，而后者是人类学习的主要方式。这一理论的主要特点：（1）强调行为是内部因素和外部影响之间复杂相互作用的产物。理论的焦点集中于认知过程对学习的影响，强调行为受认知的调节和自我的调节。（2）既承认直接经验的学习，也强调观察学习的重要性。该理论认为许多行为模式都是通过观察别人的行为及后果而学来的，特别强调模式对激发特定行为的重要性。（3）注意到了三种强化因素（外部强化、替代强化和自我强化）对学习的影响，尤其强调替代强化和自我强化的重要作用。

三 目标

（一）小组整体目标

提供组员一个认识青春期生理、心理变化的交流平台，使他们能够通过相互讨论、学习，正确看待青春期常见的困惑，并将知识学以致用，懂得保护自己，让自己更顺利地度过青春期这一关键时期。

（二）小组具体目标

1. 增强组员默契，使其能够共同合作完成青春期的蜕变。

2. 使组员清楚自身的青春价值观，选择正确的青春发展方向。

3. 对组员可能出现的生理、心理的问题进行预测和评估，并制订适当的解决办法。

四　服务对象

1. 资格：大一新生。

2. 特点：希望解决自身的青春健康问题并找寻正确的青春发展方向。

五　小组特征及招募方法

（一）小组特征

1. 教育小组、互助（自助）小组。

2. 节数：六节。

3. 日期：2014 年 10 月至 12 月。

4. 时间：具体活动时间见计划表。

5. 地点：仓前校区小组实验室（户外活动另做说明）。

6. 人数：10 人。

（二）招募方法

1. 进入大一新生班级宣传。

2. 进入大一寝室宣传。

3. 分发自制宣传单。

4. 主动与大一新生交流，鼓励加入小组。

六 活动安排

第一节活动：高山流水 嘤鸣求友

日期及整节活动时间：10月12日 14：00—15：30

活动时间	目标	内容	所需物资
10分钟以内	通过游戏起到破冰作用	游戏——一块五毛 玩法：在游戏中，男生就是一块钱，女生则是五毛钱；游戏开始前，大家全站在一起，裁判站边上；裁判宣布游戏开始，并喊出一个钱数（比如三块五角、六块或八块五角），裁判一旦喊出钱数，游戏中的人就要在最短的时间内组成那个数的小团队，打比方说喊出的是三块五角，那就需要三男一女或七女或一男五女之类的小团队	—
30分钟	换方式自我介绍和认识新朋友（抽到随机选题的和特定选题的组员进行对比）	我的特别自我介绍 每个组员从事先准备好的卡片中抽取一张，每张卡片上分别写有"童年、家乡、爱好、偶像、趣事、家庭、朋友和自选"等（其中有重复）。每位组员随机抽取一个角度，做1分钟的简单自我介绍	12张卡片
15分钟	形成小组	游戏——我是谁，你是谁？ 工作人员事先将4幅著名人物图各撕成4份，每人抽取一张碎片，大家只能通过互猜互问"我是谁，你是谁"这句话找组员，可以有动作但不能具体说是哪个人物，也不能给其他人看图片；最后觉得是同一个人的4个组员站到一起，并做出一个标志性动作，由工作人员审查；能够拼出人物的4人即为一组	4幅动漫人物图各撕成4份
25分钟	让组员对自己有一个较全面的认识	印象·青春 由上一环节分出的4人为一组，在卡纸上写下对青春的印象、想法或其他方面，最后进行各组分享	4张大纸、4支马克笔
10分钟	让组员表达对这次聚会的感受，使工作人员明白其对小组的看法，同时各组员了解其他人的感受，表达对组员的感谢	每个组派出一个代表谈谈参与这次聚会的感受及意见；主持人做最后总结	—

第二节活动：与青春约会

日期及整节活动时间：10月23日14：00—15：30

活动时间	目标	内容	所需物资
5分钟	引入本次活动主题	工作人员放开场视频，并由主持人引入本次活动主题	视频
15分钟	让组员和工作人员及组员之间相互认识	工作人员及组员自我介绍	—
30分钟	活跃气氛，并在情境中使组员互相了解，在游戏模拟中切身体会大家的恋爱观与恋爱行为；展示自己，并为下一节做铺垫	游戏模拟——"我们约会吧"男同学扮演男嘉宾，女同学扮演女嘉宾，根据给出纸条提示自主发挥	纸条
10分钟	回顾上一节活动，引导组员思考自己在恋爱中所考虑的条件因素，并反思自己的表现	将组员的想法写在纸上并分享	笔、纸
30分钟	以科学教育视频为指导，给组员传达正确的恋爱观念以及健康的认识，不被教条影响，鼓励同学完善自己，使自己更加优秀，达到爱情、事业的双丰收	播放爱情要素视频，分析典型案例，分享自己的恋爱观念，分组讨论	视频

第三节活动：我的青春我做主之性教育

日期及整节活动时间：2014年11月9日14：00—15：20

活动时间	目标	内容	所需物资
15分钟以内	通过游戏起到脱敏作用，让小组成员对性不再避讳羞涩	游戏——性脱敏之你画我猜 玩法：在游戏中，主持人鼓励小组成员上台玩游戏，进行你画我猜游戏，你画我猜中的词汇都关于性	写有性词汇的纸条若干

续表

活动时间	目标	内容	所需物资
15分钟	关于婚前性行为的讨论	辩论赛 主持人以是否赞同婚前性行为将小组成员分成两组,两组成员对婚前性行为利弊进行辩论	—
15分钟	学会做正确的决定	游戏——做决定 主持人将小组成员分成若干组,成员根据自己所抽到的纸条上的内容进行演绎	写有情境的纸条4张
20分钟	让同学们正确使用安全套	安全套的介绍及演示 主持人提问若干问题,介绍安全套,并且演示安全套的使用方法,然后请小组成员上来演示	香蕉15根、避孕套20个
20分钟	让组员表达对这次活动的看法,主持人进行小结	每个组派出一个代表谈谈这次活动的感受及收获,主持人最后进行小结	—

第四节活动：身心飞扬，健康成长

日期及整节活动时间：2014年11月16日14：00—15：30

活动时间	目标	内容	所需物资
5分钟	引入本次活动主题	工作人员播放开场视频、音乐,活跃气氛	视频
5分钟	将组员分为四组	分组游戏——"萝卜蹲" 按淘汰制,将组员随机分为四组	—
10分钟	引领组员了解男女生殖系统	工作人员向各组发放男女生殖系统图片,要求各组在3分钟之内填出相应的器官名称	男女生殖系统图片各四张、笔若干
10分钟	通过游戏,进一步加深组员对人体各个器官的了解认识	游戏——"谁是卧底" 以人体的生殖系统为游戏主题,通过游戏,进一步加深组员对人体各个器官的了解认识	—
10分钟	让组员关注青春心理健康的重要性	游戏——"线上游戏" 主持人会逐一描述出一种情形,如若组员生活中有相同的经历和想法,那么请组员上前一步走到线上	见附录1

活动时间	目标	内容	所需物资
40分钟	促进组员之间深度的交流与配合	工作人员向大家讲述"二壮与兰香的故事",要求组员分组演示故事结尾,并做解释,最后大家交流	见附录2
10分钟	总结此次活动,约定下次活动时间	工作人员总结此次活动,并与组员商定下次活动的具体时间、地点和相关内容	—

附录1:

"线上游戏"描述内容:

1. 你觉得你对生理健康的知识了解的很多,基本没什么问题。

2. 你觉得,你的父母给了你很好的家庭性教育。

3. 其实你也曾经怀疑过自己得过什么不治之症。

4. 你觉得自己是一个乐观开朗的人,总是积极面对事物。

5. 你自我感觉自己是一个人缘很好的人。

6. 你觉得分手以后还可以做朋友。

7. 你觉得爱就应该大声说出来。

8. 其实,你很想泡你好友的女朋友或插足你闺蜜与男友的感情。

9. 你觉得你的心理很健康,没什么问题。

10. 你从未看过爱情动作大片。

11. 你觉得你从未撒过谎。

12. 其实,你有一点恋父/母情情结。

13. 你可以原谅自己另一半的出轨,不论原因如何。

14. 你觉得人就应该从一而终,至死不渝。

15. 你可以接受将来和你结婚的另一半已经不是第一次。

16. 你觉得"夫妻恩爱苦也甜"。

17. 你很想在大学谈一场恋爱。

附录2:

"二壮与兰香的故事"内容:

二壮是生活在鳄鱼岛上的一个农民,他恋上了岛上地主的女儿兰香,地主十分生气,并决定要把兰香许配给岛上的另一户人家。一个晚上,二壮和兰香决定私奔,逃到岛外,坐火车前往另一个城市。但是,岛四周都是鳄鱼,岛上通往外界的只有唯一的一条渔船,由二壮的好朋友海涛看守。二人决定说服海涛帮忙出海,海涛同意了。一天后,二壮乘坐岛上的唯一一艘渔船前往火车站,兰香在夜里偷偷出海,以避人耳目。夜里,当兰香要求出海时,海涛却要求兰香必须和自己"那个",否则就决不让她出海,并会举报她们。可怜的兰香一时无助,心又想着心上人,内心挣扎许久,最终答应了他。

兰香终于到达了火车站,二壮看见自己的心上人,激动不已,决定立即出发,可是兰香却眼角含泪,她决定把发生的事情诚实地告诉二壮。

请各组根据以上描述,给这个故事一个你们心目中的结尾。

第五节活动:奔跑吧,青春

日期及整节活动时间:2014 年 11 月 29 日 14:00—15:30

地点:恕园 2 号楼 2 楼

活动时间	目标	内容	所需物资
10 分钟以内	介绍本活动内容及目标	介绍本次活动目标是健身以及提高团队合作能力,并介绍此次活动流程与规则	—
10 分钟	进行男女分组,2 人一组(一男一女)	男生进行俯卧撑比赛,个数最多的拥有选择女生的权利,依次类推	—
60 分钟	通过 RUNNING MA 达到强身健体的目标以及提高团队合作的能力	工作人员将若干提示语藏在二楼各个角落,参与者以小组为单位尽可能多地找到提示语,并根据提示语猜测最后密码,率先猜中密码的队获胜(时间过半后可通过撕掉其他参与者名牌淘汰对方并获得对方找到的提示语)	纸、笔、胶水
10 分钟	对胜出组进行表彰,并鼓励大家多健身	所有组对获胜者进行"膜拜",主持人呼吁大家动起来强身健体,向获胜者汲取经验	—

第六节活动：万里送行舟

日期及整节活动时间：2014年12月6日14：00—15：30

活动时间	目标	内容	所需物资
20分钟以内	热身	游戏——请相信我 玩法：挑战叙述能力+演技 人数：4人 身份设置：正确答案玩家，白纸玩家，猜答案 游戏规则：针对每轮设置的问题，4个玩家各有一张答案纸，但其中只有一张写有正确答案，其余三张为白纸，抽到白纸的玩家必须即兴创作一个答案，每轮猜答案的人，每个回合要淘汰一个最可疑的玩家，直到找到正确答案为止，猜错的玩家或被淘汰的玩家将要接受惩罚 玩家：叙述自己的故事的同时要揭穿其他玩家的矛盾，博得大家的信任 构思阶段：4个玩家中仅一个拿到答案，拿到白纸的人需要在短短数十秒内以急智创作一个合理答案 淘汰阶段：所有玩家要攻击其他人话语中的矛盾和疑点，借以保护自己	—
20分钟	活动回顾	对系列活动进行回顾	历次活动照片
15分钟	交流环节	"真情大放送" 说出你的真心话	单反相机
15分钟	促进组内合作	心有灵犀 人数：5人一组，共两组PK 玩法：猜词过程中，不许说出词条中包含的任何字，否则该词条作废，根据词条难度，有三次选择放弃的机会，以猜中词条的多少，分出胜负（共两轮）	题板
20分钟	表达对组员参与的感谢	工作人员做最后陈词，发放纪念品，录制VCR	纪念品

七 所需资源

1. 人手：工作员5名，
   主持人2名。

2. 资金预算：

（1）支出项目：游戏物资、小礼品和手工材料费；

（2）总经费：200 元。

3. 资金来源：张超教学项目费。

4. 所需物资：具体见"每节活动计划"中所列。

八 应变计划

预计困难	应对办法
部分同学因故不能参加	如果缺席同学不多，将 4 名辅助人员也加入进去，因此必须事先确定能到场的具体人数
中途出现组员退组	工作人员尊重组员的权利，但要与该组员一起分析退组后可能会给他带来的负面影响和可能要承担的责任； 若该组员决定退组，工作人员要处理该组员的情绪问题，也要和其他组员进行沟通，消除因该组员离组而带来的负面影响和压力
组员在活动期间出现倦怠现象，参与活动的积极性和兴趣减退	经常关注他们，鼓励他们发问； 听取组员对活动的看法并及时调整活动； 工作人员对组员进行鼓励并对其进步表示认可

九 评估方法

1. 在小组活动前期及最后一节时，组员将被安排完成同一份问卷，来了解他们在参加小组活动后在独立生活、沟通模式和自我定位等方面的感受及意见。

2. 在小组活动最后一节及各活动结束后，了解组员的感受（如组员认为自己在哪方面获得了改变和进步）和意见。

3. 依工作人员在小组活动进行时的观察及分析（如交往模式、沟通模式）做评估。

4. 从出席率及参与、投入程度做评估。

5. 通过对组员的倾听来获知他们对小组活动的感受及意见。

十 小组活动效果评估

（一）组员的反应

1. 小组气氛：由于游戏等不同形式的活动内容的开展，以及主持人适时地调节小组氛围，整体小组气氛较好。

2. 沟通模式：所采用的沟通模式是开放式沟通。采用这一模式，组员间沟通较容易，能通畅地传递组员的情感、需求及信息；从小组气氛来看，这一模式最佳，也很好地调动了整体的积极性。

3. 小组凝聚力：组员与组员，组员与小组紧密地连结在一起，组员对小组认同而产生了归属感，因而希望小组活动能够继续，组员之间结合成一体，共同朝着小组目标进发。

4. 领导形式：主要采取无领导小组讨论，每个组员都需要有全局观念，在讨论中没有领导，实际上每个组员都能够争取扮演领导的角色，减少冷场、争论过分的情况出现。

5. 组员反应：组员都积极参与小组各环节的活动，对工作人员给予很大的支持，形成小组归属感。

（二）小组主持技巧评估

由于本次小组活动采取每个人分配主题任务的方式来进行，因此每个工作人员都担任了主持角色，在主持过程中有值得褒扬、学习的方面，同时也存在一些问题，具体评估如下。

值得褒扬、学习的有以下五个方面。

1. 主持人热情高昂。由于本次小组活动采用由个人负责的方式，各主题活动主要是由每个人自己主持全场活动。每个人前期都有接近一周的准备时间，因此为达到活动目标，主持人热情都很高，都希望尽力完成自己的活动，以达到预期的效果，很好地提高了参与者的积极性。

2. 主持内容形式多样。由于在整个活动前期，工作小组进行了讨论，制定出了各个活动主题并由个人完成相应活动。所以活动形式不受束缚，组员有充分发挥的空间：第一次王晓峰见面会主要以游戏来破冰，达到迅速熟悉的目的;第二次曹梦玉则以"我们约会吧"情境模拟来进行爱情主题活动;第三次吴俊力进行现场教学传授基本性知识;第四次周帅帅发放生殖医学图供参与者认识、了解;第五次吴雨薇则采用户外形式开展健身主题活动。

3. 主持风格各异。由于组员个性迥异,因此主持风格也大相径庭。例如组员王晓峰主持风格富有文采,组员曹梦玉、周帅帅将知识与娱乐很好地结合,吴俊力则富有幽默天赋,组长吴雨薇富有青春活力。不同的主持风格也给参与者不同的活动体验与感受。

4. 主持方式亲切,易于接受。大家虽以学长学姐的角色出现,但在积累了3年社工学习经验后,主持人都能以亲切的方式进行自己活动,几乎未产生尴尬或冷场的情况。例如组员吴俊力在学生会工作,与大家较为熟悉,因此第一次王晓峰主持见面会,大家安排吴俊力协助主持,达到很好的预期效果。

5. 主持流畅,活动紧凑。每个组员在负责自己的活动时都进行了充分以及较长时间的准备,因此每个人对自己的活动了如指掌,在活动进行时几乎未出现卡壳状况,活动进行得都非常流畅。

有待改进的有以下五个方面。

1. 活动时间掌握能力欠缺。由于大多数人员都是第一次办活动,所以活动进程掌握不到位,每次活动预期安排都为一个半小时,但实际完成时间却有一点出入。比如有时在游戏环节耗时太多,或在活动进行中未预防突发事件,以及对活动时间预估出现偏差,导致活动时间未能合理安排。如第一次活动自我介绍部分耗时较少、活动安排较短,导致很多同学未互相认识就开始游戏。第二次情境模拟预期时间为30分钟,结果进行了将近45分钟,不得不压缩后面的主题时间。第五次健身活动由于未预期时间,导致活动只进行了1个小时不到,参与者意犹未尽。

2. 活动主题与游戏侧重把握不到位。可能由于第一次见面活动安排游戏较多,未给参与者形成一个成长小组的概念,导致在后面活动进程中明显感受到参与者对游戏娱乐环节兴致较高,在游戏环节耗时太多,而主题介绍环节时间仓促,未能完全达到预期效果。

3. 主持人文字稿件等前期准备不充分。由于每个人对自己负责活动内容了如指掌，因此大家未认真积极准备文字内容，基本上靠自己的记忆进行活动，导致活动开展不正式、较随意，并且环节与环节之间联系不紧凑。

4. 主持人风险预估不到位。组员在策划活动时重点都放在活动环节，对活动开场或者结束等细节安排不到位。比如参与者到位时间不同，而对很早到场的参与者没有安排，有时难免有些尴尬冷场。再如有些组员临时有事未能到场，影响了整个活动进行，应提早确定人员到场情况。

5. 个别主持人个人性格导致活动氛围与预期不同。比如第四次主持人性格较为内敛严肃，导致活动进行中难免出现冷场，参与者提出意见。组员应提早预估风险，安排其他组员协助进行，将严肃与娱乐巧妙结合，更好地达到目标。

（三）小组工作人员评估

小组成员在这次活动中都积极参与、各尽其责，但每个人仍旧有不足以及需要改进的地方，根据每个人总结的不足，评估如下。

组长吴雨薇：组长在本次活动中责任重大，尽心尽责，做到了每次活动都协助负责，并且在小组后期准备报告中进行汇总工作。需要改进的地方是应更多地发挥自己的领导作用，对各个活动整体把握，在下放责任的同时给予总体指导。

组员王晓峰：每次工作认真且提前完成。对自己的两次活动把握较准确，活动紧凑且达到目的，准备充分。需要改进的地方是可以有更多激情，特别在其他活动中提高自己的参与度。

组员曹梦玉：认真策划个人活动，在其他组员活动中能积极参与配合。不足之处未能完全发挥自己优势，对例如借教室等细节之处掌握不足。

组员吴俊力：认真负责自己活动，并且在其他组员活动中充分发挥自己的优势、才华，达到较好效果。需要改进的地方是把握主题方面应更深入，将幽默搞笑的风格更巧妙地与主题切合。

组员周帅帅：能够认真准备完成自己的活动，对其他活动也能尽量参与。不足之处是热情欠佳，在其他活动中主要担当摄影等工作，不愿积极投入各项活动中。

（四）小组工作总体评估

虽然小组五位工作人员对本次活动各尽其力，有很多好的方面，但也存在很多问题。

做得好的有以下三个方面。

1. 分工明确。在小组活动开展之前全组进行了多次讨论，把每个人所需完成的任务明确下放，每个组员对自己负责也对全组负责，任务明确，提高了效率。

2. 小组前期工作较完整。在活动进行前期全组多次讨论进行了需求评估，目标制订，理论运用。整个工作较为完整。

3. 小组齐心协力。虽然每次负责人不同，但各小组成员积极参加每次活动，力所能及地完成自己的相应工作。

做得不足的有以下三个方面。

1. 风险预估不足。小组活动进行前期未充分预估风险，导致活动期间出现了一些措手不及的情况。例如，在第一次活动中未制订出勤考核方案，导致后期出现了很多不必要的麻烦。

2. 活动主题分散，广而不精。小组前期确定主题时囊括内容较为丰富，导致每次活动涉及面广却没有深入主题的讨论，甚至活动过程中出现主次不分明，主题不突出，没有完全展开学习的情况，以至于效果欠佳。

3. 小组分工采用个人负责制，未能最大化利用优势资源。个人负责制导致组员在自己负责的活动中全力而为，而其他组员只是协助，很难充分发挥自己的作用，应该根据各组员的不同优势，具体安排自己擅长的工作，以达到资源利用最大化。

（五）面对的困难及反思

1. 面对的困难主要有：一是组员招募的困难。虽说大一新生数量上是充足的，但我们几乎没有和他们接触的机会，而且大一新生刚入学，参加了各种活动，对各种事物充满好奇，所以可能会出于时间安排上的考虑而不来参加我们的活动。而且，在小组组员招募的时候，我们组中只有吴俊力一人负责招募，这就造成了很多小组组员只和吴俊力比较熟悉，对于其他人则较为陌生，这样开展活动也就较为困难。

二是活动时间安排上的困难。很多次当我们通知要在周末举行活动的时候，总会有组员有事不能来参加，这也就给活动的圆满进行带来困难。

三是经费支出上的限制困难。活动中要购买物资，我们当然都想购买更好的东西，但是经费的支出主要由老师的工资支付，我们实在是不忍心花老师的钱。

四是活动内容准备上的困难。由于我们五个工作人员也没有系统学习过有关青春健康的专业知识，有些知识甚至掌握得还不如招募来的大一新生，而且尺度我们也不好把控。

2. 小组活动的反思：整个系列活动，我们的游戏过多，造成活动内容不够深刻，主题升华不够，而且游戏过多还会造成在某些交流环节参与者不能静下心来思考和交流。

活动过程中，我们没有顾及有些小组成员的心理状态，有的成员比较内向，讲话比较少，我们没有给予充分的关注，这对整个小组动力的建设非常不利。

工作人员间的团结协作有待加强。有时大家意见不统一，又找不到一个很好的沟通方式，这样会对活动效果造成一定的影响，五个人之间的分工合作还是有一定困难。

通过这次实训课，小组中的每个人都得到了锻炼，增强了自信心，同时大家也增进了感情。

附录一：调查表分析报告

为了更真实、更具体地反应小组成员对小组活动的感受，我们青春健康小组在系列活动结束后进行了"青春健康教育小组满意度调查问卷"活动。此次问卷调查是活动后面对面式调查，当场发放、回收问卷。通过问卷调查，我们可以得到以下结论。

1. 对于活动总体评价较高

活动主题和内容的满意程度、活动气氛和活动效果，都一致受到组员好评,在十份问卷中仅有两个选项选择"还好",总体满意率达90%以上。

2. 对自我参与活动评价较满意

对于成员自身,除了有过缺席经历的成员之外,大多数对自身评价较好,这与活动中热情参与的事实相符。

3. 对工作人员的工作较为满意

组员对于五位工作人员的工作都给予很高的评分,有的还对工作人员给予友好的建议。通过这一系列的活动,组员与工作人员间不仅形成了工作上的关系,更建立了良好的私人情感。

4. 个别成员对小组有所期望

个别成员在反馈意见和建议的时候对小组提出了一些意见,如希望小组活动时间安排能够做出调整,希望活动的主题可以更加突出,内容可以更加深入,形式可以更多样一些,并且希望自己能够学到更多有关青春健康的知识。

5. 总结分析

从这次问卷调查可看出,成员对我们青春健康小组的活动策划、活动举行和工作人员等大体上是满意的。对于一些个别问题,他们也婉转指出。对于他们的建议,我们会及时改进,并在以后的活动设计中注意。

附录二:

青春健康教育小组满意度评估结果

(共8份问卷)

项目 \ 满意度分数	A 非常满意	B 还好啦	C 一般般哦	D 很不满意,希望改进
对活动的总体评价	8人	—	—	—
活动主题突出与否	6人	2人	—	—
活动内容丰富满意程度	7人	1人	—	—
对活动气氛评价	8人	—	—	—
对活动的效果评价	8人	—	—	—
对自己活动中的表现评价	4人	3人	—	1人
对其他参与者评价	7人	1人	—	—

续表

项目＼满意度分数	A 非常满意	B 还好啦	C 一般般哦	D 很不满意，希望改进
你最喜欢的一次活动是	高山流水 嘤鸣求友 ×1 与青春约会 ×5 我的青春我做主之性教育 ×2 身心飞扬，健康成长 ×0 奔跑吧，青春 ×2 万里送行舟 ×0			
从 6 次活动中你学习、收获到了什么？	学了许多有用的性知识； 了解了许多青春健康知识，学会了对自己和对别人更负责； 学习到生理、心理上的知识，收获到友谊、欢乐； 学到了许多有用的青春健康知识； 学到几种人际间的娱乐活动方式，以及青春健康的知识； 学习了很多有关青春健康的知识，成长了很多； 学习到了许多交际与生理方面的知识，收获到了许多欢乐和友谊			
对组长吴雨薇的打分（1~10 分）	9.875			
对组员曹梦玉的打分	9.875			
对组员吴俊力的打分	9.875			
对组员王晓峰的打分	9.875			
对组员周帅帅的打分	9.750			

有什么意见或建议吗？还有什么悄悄话尽管畅所欲言吧：
活动主题内容可以再深入些，形式再多样些；
有些时刻该严肃的要严肃点，学长学姐都很好；
100，perfect；
希望周帅帅学长可以再放得开一些。

案例评析

"奔跑吧，青春"青春健康同伴教育小组以"青春期性教育"为主题，由社工专业大三学生带领大一新生通过"同伴教育"的方式完成。小组通过游戏、讨论、辩论、案例展示等多种活动形式与大一新生一起学习讨论青春期的性健康知识、传递健康的性观念。小组活动设计总体上比较贴近大一新生的需求，能够让他们在活动中快乐地学习和分享，且能够采用民主的小组领导方式和开放的小组沟通方式，注重服务对象的参与和反馈。小组的不足主要表现为：第一，青春健康的内容比较分散，主题不够突出，与新生成长小组区别不明显，导致服务对象对于知识的学习和掌握不够深入；第二，大三学生作为小组工作者，团队成员的分工不够明确，相互之间的配合不够圆满，当主持人主持小组活动时，其他成员会出现"不知做什么"的现象；第三，主持人应变能力不足，不会根据突发情况改变活动计划，引导组员讨论小组中出现的引起组员关注的新问题。这些不足都需要在今后的青春健康小组中努力改善。

"大学你好"新生成长小组

指导与评析：张　超
工　作　人　员：（社工 121 班）　冯浩聪　余　园
　　　　　　　　魏　炜　凌　霄　叶乙丁
实 施 机 构：杭州师范大学社会学系

一　小组实施背景

大学是人生中重要的转折点。但是，同学们在刚刚进入大学的时候，由于生活环境和学习方式都发生了很大的变化，大一新生一般不能较好地适应大学生活。通过与他们的接触我们发现由于新的生活方式特别是思维方式的转变，很多人对新的生活茫然无措，很难适应大学生活。这主要体现在以下四个方面：首先大一新生对大学生活的期望值偏高，而实际情况并不像他们想象的那样，这就会使他们心理上产生一种落差，从而导致悲观、失望情绪；其次由于进入一个新的人际关系网，而大一新生以往只注重学习，本身缺乏人际交往的经验，这就使他们不能很好地处理与周围人之间的关系，导致他们与同学之间不能融洽相处，影响其正常的学习和生活，这也是目前大一新生面临的最为突出的问题；再次大一新生由于学习生活方式的改变，对周围的一切往往很难马上适应，导致他们对自己缺乏信心；最后大一新生进入一个新的环境，对一切感到迷惘无知，没有明确的人生目标和自我定位。

伴随着各种适应性问题的接踵而至，这些正处于大学"适应期"的新同学所遭遇的问题，单靠个人和少数辅导员的力量往往难以解决。面对这种情况，我们在老师的指导下开展了新生成长小组，旨在帮助大一新生更好地适应大学生活。通过策划、招募等工作，成长小组一共招募到12名组员，其中男生5名，女生7名，年龄为17~19岁。

二 小组工作目标

大一新生在刚进入大学期间，面临生活困难、陌生感、学习无力、适应力较差等诸多问题，通过成长小组活动，让他们在刚进入大学期间有一个过渡期。通过成长小组活动，加强其对大学生活的认识，缓解他们刚进入大学的不适应感和焦虑感，从而使他们更好地享受大学生活。

1. 增加与同学之间的认识，加强人际交往能力。
2. 了解和体会大学生活，对自己的四年有一个初步认识和设想。
3. 通过小组活动，提升自信心。
4. 接触社会工作专业知识，对专业和自己都有一个更深层次的认识。

三 预期困难与实际困难

（一）预期困难

1. 招募人员不够。
2. 人员缺席情况严重。
3. 小组气氛不够热烈。
4. 小组人员参与互动性不强。

5. 小组活动内容不能吸引小组成员。

（二）实际困难（结合小组评估表）

1. 无法关注到每一位组员，比较内向的组员感到自己被忽视。
2. 由于计划的衔接原因，获得大家一致好评的活动无法在这六次活动时间内再策划一次。
3. 不能很好地衔接有过缺席情况组员的进度。
4. 小组活动与学校社团活动冲突。
5. 小组成员认为活动内容可以更加丰富一些。

四　小组介入策略

大一新生刚进入大学校园面临很多问题，由于对自己角色转换的不适应，会出现学习方式不当、人际交往障碍、自控能力减弱等问题，会使新生在刚入学时产生焦虑、紧张、迷惘和不安等情绪。如果不加以适当引导的话，会影响到新生的成长发展。

在新生成长小组设计中，通过小组工作的形式对大一新生的学习、人际、社会等方面进行干预，使小组成员能够积极地面对大学生活。小组活动内容包括游戏、分享、情境模拟等。另外，我们建立了一个QQ群，在这个信息网络发达的时代，能够更加方便成员之间的交流，平时有任何方面的问题都可以在群里讨论。

（一）生活环境方面

小组的成员大都来自外省，大学生活是他们第一次离开家乡生活，面对陌生的城市和陌生的环境难免会感到不适应。针对这一问题，我们小组工作人员在活动中向组员详细介绍了学校的常用办事流程、学校周边的交通路线及杭州的各景点，使组员能够对自己的生活环境有个初步的了解。小组工作人员也向组员分享了自己以前的经验，使组员更加容易接受。

（二）学习方式方面

大学以前的学习方式以被动学习为主，老师与家长都会监督和督促学生学习，主要的学习目标为通过各种考试。进入大学以后，老师的教学方式发生很大的转变，老师们不再督促学生学习，老师布置的作业形式多样，不像高中那样死板繁重。学生需要合理安排自己的作息时间，变被动学习为主动学习，明确自己的学习目标。针对这个问题，成长小组先让组员讲述了自己进入大学后在学习上的困惑，相互讨论之后，得出解决或改善的方法，并与他们分享了工作人员当时的经历。另外，成长小组将学院的一些老师、课程介绍给组员，使组员大致了解今后专业课的上课方式和考核要求，并指导组员制订了自己的学习目标和计划。

（三）人际沟通方面

大学是锻炼人际沟通能力的重要阶段，在大学中我们会接触到来自五湖四海、生活习惯各不相同的人，如何处理与同学、室友以及老师的关系是一个重要问题。我们通过游戏、情境模拟等方式，加强小组成员的凝聚力，使组员能够对小组产生安全感和信任感，和其他组员进行充分的沟通互动。小组游戏起到了培养组员团队协作能力的作用，使组员在今后的学习生活中都能够重视团队的作用；情境模拟中，成长小组设定了与室友、家人等产生矛盾的情境，让组员演出自己面对这种情况时的处理方法；成长小组通过"国王天使"这个游戏，使组员在整个小组活动的过程中默默为自己的"国王"实现愿望，增强了组员之间的感情。

（四）生理健康方面

小组成员基本处于刚成年阶段，对成长过程中将要面对的生理知识没有正确的了解，对青春健康知识的相关内容，即使有什么问题也会由于羞涩而不愿与他人交流。针对这一现象，成长小组做了一次青春健康教育的外场活动，通过捉迷藏、团结合作、知识问答等形式，将青春健康知识融入游戏中，使组员在轻松的氛围中学习到知识。

（五）自我认知方面

大一新生在陌生的环境中，很容易产生从众心理或迷茫心理，对自己的认知不够成熟，不敢在生人面前展示自己，而大学期间正是要展现自我的时候。我们在后两次活动中均安排了才艺表演，鼓励组员大胆地展示自己的才艺，所有成员都积极参与，与第一次参加活动时的腼腆产生了鲜明对比。小组引导组员认识到自己在生活学习方面存在的不足，并积极鼓励他们建立正确的认知，从而使他们变得自信、自强、自立。

五 每节活动安排

第一节活动："很高兴认识你"

日期及整节活动时间：10月12日 18：00—19：30

活动地点：杭州师范大学仓前校区恕园

活动时间	目标	内容	所需物资
5分钟	让组员和社会工作者之间相互认识	社会工作者自我介绍，介绍小组的大致活动内容、时长及注意事项	—
5分钟	让组员之间有相互的初步认识	组员轮流自我介绍（包括姓名等基本背景资料，兴趣爱好和对小组的期望等）	—
15分钟	加深组员之间的相互认识；鼓励每位组员积极参与活动并融入集体	游戏——"大风吹" 1. 把比人数少一数目的椅子围成一圈； 2. 除了当"鬼"的人以外，其余的人分别坐在不同的椅子上，每张椅子限坐一人； 3. 做"鬼"的人站在中央，他可以随意说大、小风吹，如果他说大风吹，他说有×的人必须起来换位置，如果说小风吹，则是相反，没有×的人起来换位置，换位置时不能持续两人互换或坐回原位，没抢到位置的人则是新"鬼"	椅子若干
15分钟	寻求组员共同点，拉近组员距离；社工可以了解组员的需求	游戏——"线上游戏" 玩法：工作人员用胶带在地上黏出一条线，所有的组员分开站在线的两边，当工作人员念出一个问题时，有过这种经历的人站到线上，如可以问一下"觉得大学压力过大的站到线上来""想要兼职却找不到的站到线上来"之类的 规则：尽量要求组员能够诚实回答，工作人员需要注意问题的底线，不要问特别敏感的话题，旨在寻找团体的共性，增强组员的信任感	胶带1卷
10分钟	分组，方便后面的活动；增强组员之间的沟通能力，使他们尽快地相互熟悉	游戏——"猜谜分组" 玩法：社工会事先准备好一叠卡片，4种花色；组员各自抽一张牌，然后自己去寻找组员，相同的都可以组成一组；在分组寻找组员的过程中，不能说话，只能用动作或者手势来传递信息 注意：社工注意现场秩序，不能让组员说话	4种花色的卡片

续表

活动时间	目标	内容	所需物资
15 分钟	与组员一起订立小组契约,使他们对小组更有归属感和责任感;使组员更放心地参与小组活动,同时也使小组活动更有秩序地进行	与小组成员一起讨论并订立小组规范,然后工作者记录、整理、总结、宣布;澄清小组内应有的秩序及告知每位组员:为小组活动的顺利开展,组员要按规范进行小组活动	—
15 分钟	增强组员之间的团队意识	游戏——"bingo 大作战" 玩法:社工事先准备一个 3×3 的九宫格,每个宫格里面都有一个问题,看哪组能够最快地完成横、竖、斜任意一条直线,最快完成的小组完成"bingo" 注意:可以组员帮助,别组选过的问题可以重复作答	"九宫格"
10 分钟	增加大家的熟悉感	游戏——"同心结" 1. 主持人让每组站成一个向心圈; 2. 玩法:先举起你的右手,握住对面那个人的手;再举起你的左手,握住另外一个人的手;现在你们面对一个错综复杂的问题,在不松开的情况下,想办法把这张乱网解开; 3. 告诉大家一定可以解开,但答案会有两种:一种是一个大圈,另一种是两个套着的环 注意:如果过程中实在解不开,主持人可允许学员决定相邻两只手断开一次,但再次进行时必须马上封闭	—

第二节活动:"大学,你好"

日期及整节活动时间:10 月 19 日 18:00—19:30

活动地点:杭州师范大学仓前校区恕园

活动时间	目标	内容	所需物资
5 分钟	回顾与总结	由组员稍微回顾上次活动的内容与感想,并说明此次活动的内容	—
30 分钟	熟悉周围环境,解决新生对于陌生环境的惧怕感	组员介绍周围的吃喝玩乐各种项目、学校的办事流程	—

续表

活动时间	目标	内容	所需物资
45 分钟	了解新生理想中的大学,并引导他们尽快进入大学生活	游戏——"我的大学" 玩法:社工事先准备一张大纸与彩笔,让组员写出或画出理想的大学,并说说现实的大学与理想的大学有什么区别	纸 4 张,彩笔若干
10 分钟	让组员更清晰此次活动目标及内容	总结本节活动内容	—

第三节活动:健康成长之好好爱自己

日期及整节活动时间:11 月 9 日 18:00—19:10

活动地点:杭州师范大学仓前校区恕园

活动时间	目标	内容	所需物资
5 分钟	回顾与总结	由组员稍微回顾上次活动的内容与感想,并说明此次活动的内容	—
20 分钟	加深组员之间的认识	"撕名牌"	名牌若干
20 分钟	通过游戏了解青春健康知识	"淘金狂潮" 主持人将写有青春健康问题和答案提示的纸条分别发给每个组,每个组根据提示寻找到写有答案的纸条,找到答案后到主持人处回答问题	纸条若干
20 分钟	加深对青春健康知识的了解	五位社工分别介绍一部分青春健康知识	—
5 分钟	总结	社工总结: 给组员鼓励支持,并对组员们积极参与活动表示赞许	—

第四节活动:"成长的烦恼"

日期及整节活动时间:10 月 26 日 17:30—19:10

活动地点:杭州师范大学仓前校区恕园

活动时间	目标	内容	所需物资
5 分钟	总结与回顾	由组员稍微回顾上次活动的内容与感想,并说明此次活动的内容	—

续表

活动时间	目标	内容	所需物资
15 分钟	增加友谊，活跃气氛	游戏——"奥特曼打小怪兽" 玩法：两队为一组，每组给对方出题，并压上赌注（跷起几只脚，最多不能超过 3 只）；如果对方答对，则自己组需要离地相应的脚的只数，反之则对方跷脚，跷脚需坚持 6 秒钟，如果一组实在无法完成，则组员接受指压板惩罚	指压板
5 分钟	增加团队凝聚力	游戏——"义气接龙" 玩法：组员 6 人需要接力完成在指压板上跳绳 15 个，每个人没有规定的次数，只要总共完成 15 个即可 如果一个人完成 15 个，剩下的人就可以不用做；如果第一个做了 1 个，剩下则需要完成 14 个	指压板、跳绳
40 分钟	通过表演来展现大学生在日常生活中碰到的问题，引导新生健康看待这些问题，并给出相应的建议	游戏——"成长的烦恼" 玩法：主持人准备 4 张卡片，分别为学习、人际、爱情、家庭四方面；组员有 10 分钟时间自己编写剧本并排练，来表达这方面的问题，并进行 5 分钟的表演；最后大家讨论如果自己碰到了这种问题该如何解决	卡片 4 张
15 分钟	培养组员合作精神及协作能力	游戏——"找东西" 每组派一名代表，当主持人说出要几件某样东西时，组员要快速集齐，由代表放到主持人面前，主持人清点，用时最少的小组奖励棒棒糖，其他小组奖励薄荷糖	道具若干、棒棒糖若干、薄荷糖若干
10 分钟	增进组员之间的感情交流	游戏——"国王与天使" 玩法： 1. 把组员的名字放在了神袋里，每一个人轮流从神袋里抽出一个名字和心愿，这个名字所对应的人就是你的国王； 2. 如果抽到自己时可以重新抽取； 3. 天使要在第六次活动之前默默地为国王服务，实现国王心愿，不能让国王发现自己是谁 注意：1. 国王的愿望不能过大；2. 不能让国王发现自己的天使是谁	神袋
10 分钟	鼓励支持组员快乐生活；总结	社工总结： 给组员鼓励支持，并对于组员们积极参与活动表示赞许	—

第五节活动：成长快乐之展现自我

日期及整节活动时间：11月16日19：30—21：20

活动地点：杭州师范大学仓前校区恕园

活动时间	目标	内容	所需物资
5分钟	总结与回顾	由组员稍微回顾上次活动的内容与感想，并说明此次活动的内容	—
10分钟	热场	热场游戏——加法乘法 规则：女生代表数字1，男生代表数字2 主持人报一个运算方式和数字，例如加法6，男生和女生就按照加法抱成团组合成数字6；如果报到乘法和数字，则需要用到乘法，例如乘法6，可以采用2×2+2、（1+1+1）×2、2×2+1+1、（2+1）×2等	—
30分钟	开心一刻（该环节可以插入组员表演中）	游戏——快乐传真 游戏说明：依旧按照小组进行，第一个人面向主持人，其余人向后转，背向第一个人；第一个人看主持人给的题目，看完后，主持人收起题目，第一个人拍第二个人肩膀示意让其转身；第一个人表演动作，然后第二个人根据自己的理解把其通过肢体语言传递给第三个人，以此类推；传到该组最后一个人时，这个人需要说出该题目（比赛过程中不得以语言或口形提示）	纸若干
60分钟	组员大胆展示自己，加深小组感情	每个组准备一个节目表演	—
5分钟	总结	社工总结： 给组员鼓励支持，并对于组员们积极参与活动表示赞许	—

第六节活动：再见是为了再次相见

日期及整节活动时间：11月23日18：00—19：20

活动地点：杭州师范大学仓前校区恕园

活动时间	目标	内容	所需物资
15分钟	总结与回顾	由组员稍微回顾上次活动的内容与感想，并说明此次活动的内容	—

续表

活动时间	目标	内容	所需物资
20 分钟	激发组员思考自己的价值观；澄清、帮助组员认识自己的人生态度	游戏——"价值拍卖" 每位组员手中有 5000 元的虚拟货币；组员相互之间不可以借钱，也不可以转卖拍品；每一件拍品均有底价，拍卖时要在底价的基础上加价，每次加的价格必须是 100 的整数倍，价高者得；如拍品的最高出价喊价 3 次后无人加价则成交	虚拟货币、拍卖品若干
20 分钟	感谢一路陪伴走下来的组员，以及组员之间的互相感谢	游戏——"真情告白" 每组都向另一个小组表达自己的感谢，组员也可以自己表达对另一个组员的感谢，并献上自己的祝福，比如一句话、一首歌、一段舞 每个人都到黑板上写下自己的祝福	黑板、笔
10 分钟	美好期望	社工表达对组员们的期许及活动感受	—
10 分钟	留念	送纪念品及拍照	小礼品
5 分钟	结果评估	请组员填写"小组组员评估表"	小组组员评估表

六 小组效果评估

通过 6 次大学生成长小组活动，对 12 名大学生进行身体、情绪、心理健康介入。通过活动提高大学生的人际交往等各方面的适应力，运用"小组组员评估表"进行前测与后测，了解组员的改变和小组活动的成效。

运用统计学方法，所有数据采用 SPSS 17.0 软件进行分析和汇总。12 名大一新生在大学生成长小组活动干预前后的"小组组员评估表"评分有显著性提高。

可以发现很多组员在参加成长小组之前，在人际交往、表达、自信心等多方面都存在适应性障碍；在参加成长小组之后，他们在这些方面均有明显改善。

6次大学生成长小组活动，帮助大一新生增强对全新的大学生活的适应力，使适应期缩短；帮助他们学习处理由陌生环境带来的负面情绪，缓解由高中过渡到大学的情绪压力，正确面对角色变化所遇到的困境；帮助他们学会在较短的时间内增强自己的人际交往能力和自信心，勇于表达自己，尽早了解大学生活并制订自己的未来规划。

6次活动结束后，工作人员请组员们填写了"小组组员评估表"，其中1~16题是量化评分题（评分标准：非常同意5分，比较同意4分，一般3分，比较不同意2分，非常不同意打1分），第17题是开放样式问题，了解组员对小组活动的反馈和评价。

表1 量化评分统计表

问题	平均得分
我觉得组员都很诚实地对待我	4.8
别人能明白我说话的重点	4.5
别人能接受我	4.6
当我妨碍到别人时，他们会很自然地让我知道	4.1
别人常误解我的意思	1.6
别人对我感兴趣	3.3
别人会时常打断或忽视我提出的意见	1.8
别人能提供一种气氛，让我能表现真实的自我	4.1
别人都能够充分地尊重我	4.6
我敢和小组组员讲自己不敢和小组外的人讲的事情	2.6
我感觉到在这个小组中很快乐	4.7
我能理解其他组员的困难	4.2
我很喜欢这个小组的活动	4.7
我对自己越来越了解	4.0
在这个小组中我感觉很有安全感	4.3
我很喜欢小组工作人员的工作方式	4.9

从组员填写的评估表中，我们得到的意见和建议如下。

1. 可以针对某些话题做更深层次的活动，让大家的心灵震撼更多一点，成长更多一点。

2. 应将所有组员的深层次潜能挖掘出来或者让他们拥有更多的信心和机会。

3. 让小组成员展现自己的机会还是不够多。

4. 希望活动能够更加有趣，能够时时刻刻参加到活动中，不要让个别组员开小差。

5. 增加活动次数。

大多数的组员还是对工作人员进行了鼓励，让工作人员的付出得到了回报，也表明了小组活动让他们越来越互相理解，让他们在刚进大学期间得到了不一样的经历。

七 小组实训反思

此次小组针对的是大学新生在新的校园环境中成长的一些需求和问题，6次活动结束后取得了一定的成绩，但也有其局限性。

本次小组活动在筹备期招募人员时，只是在QQ或者其他交流工具上询问了大一新生的一些问题和他们的需求。可能因为交流工具即时性的关系，前期调研并没有获得多少有价值的信息，最后在活动的内容中融合进了我们自己大一时的一些困惑才算是丰满了。

事实上，在设计小组方案之前，可以先做一个开组访谈。此次小组的内容主要是针对大一新生的问题和需求，但活动设计并没有完全针对这一点。设计小组方案应该适当地通过与大一新生的沟通与交流来界定他们的问题与需求，在此基础上确定小组的目标与活动内容。

首先，大学新生成长组并不是普通意义上的成长学校，它更强调小组成员的主动性、互动性与积极主导性，而社工应该配合小组成员，积极调动资源来满足小组成员的需求，而不是单做一个领导者或教导者，这样才可以适当改善小组活动中成员互动不足、关系不够紧密的问题。其次，在效果评估问卷中，组员们提到社工在开展活动时没有照顾到每一个组员，这确实是一个问题，活动的中心常常是围绕比较积极的成员，虽然我们常常给内向的成员机会和鼓励，但是他们依旧难以成为活动的中心。再次，缺席过小组活动的成员，社工没法解决他们后期活动的衔接问题，因而为了缩小这一问题的影响，我们制定了"只能缺席活动两次，超过两次的就自动退组"的小组规范。最后，整个活动是开展小组之前策划的，内容是已经衔接好的，因而就算组员更喜欢某一次的活动，我们也没有办法再做一次同样的活动，大一新生很多对户外活动更感兴趣，我们的小组可以少一些教室内的活动，多一些户外活动。

本次小组活动的中期，小组做出了重大调整：确定2位成员退出活动。这一调整是正确的，但应当在小组的筹备即小组成员招募时就进行准确的评估与筛选，以保证小组活动的顺利开展。因为大学生的小组活动持续时间不长且活动内容较为紧凑，所以建立良好的信任关系、筛选合适的小组成员是保障小组活动顺利、深入、有成效开展的前提。

本次小组活动的中期（又称成熟期），有小组组员不够主动积极发言的情况发生，这与小组的教育成长性特性不无关系，但在活动中我们发现建立良好的小组沟通方式是非常重要的。组员之间的每一次沟通和信息的传递都是通过处在核心位置的人（此次活动中为教育者或社工）来完成，因此在传递过程中会产生一定的压力，反映了一种控制和被控制、主动与被动的关系。这一沟通模式的传递速度快、信息传递正确性高、核心人物明显，但是小组的士气较低，互相之间的沟通少，凝聚力不强。因此，在保持良好的信息传递速度与正确性的同时，可以配合开放式的沟通，激发小组成员的参与热情，从而进行充分的互动与沟通。

本次小组活动的后期，进行了成果总结与经验分享，但是不够深入。小组在后期撤离阶段，应当评估小组目标的实现情况（这一点在效果问卷后测中得到了体现），巩固其已经习得的技巧（这一点在总结成果时得到了体现），还应当了解和处理小组成员的情绪与感受，包括让成员自由讨论小组活动过程中自己喜欢和不喜欢的部分，这对于工作者来说弥足珍贵，也是作为工作者今后改进小组活动的重要依据。除此之外，还应协助小组成员制订将来的计划，比如要平衡好学习与爱好，以便更好地规划自己的大学生活。

案例评析

"大学你好"新生成长小组是社工高年级实训中的一个常设项目,已滚动开设多年。其形式与青春健康教育小组相同,但其目标主要是让刚入大学的新生尽快适应大学生活,并在此基础上有自己的大学生活和学习规划。小组活动总体上符合大一新生了解大学的需求,能够激发他们的兴趣和参与热情,小组活动的开展也能够按照规范的流程进行,尤其是大三学生作为小组工作者能够发挥团队力量积极合作,遇到问题能自发通过小组讨论寻求解决之道,因此收获颇丰。小组的不足主要表现为:第一,服务对象需求评估主要通过QQ聊天或日常接触进行,没有经过系统的面谈了解,且小组活动设计没有新生的参与,因此最终开展的小组活动与新生需求尚存在一定偏差;第二,小组实施过程中服务对象的参与度还不够,尤其是对于少数内向组员的关注度不够,参与机会过多地给予外向活跃的组员;第三,小组工作者过多扮演了一个"教导者"而非"协助者"或"资源提供者"的角色,导致组员比较被动,小组沟通氛围不够开放。这些不足都需要在今后类似的成长小组中努力克服。

"天使心路,夕阳不暮"护理员成长小组

指导与评析:郑 蓉 张祥晶
工 作 人 员:杭州师范大学社会工作 2008 级部分学生
实 施 机 构:杭州师范大学社会学系

一 小组名称和性质

小组名称:"天使心路,夕阳不暮"护理员成长小组
小组性质:发展小组

二 小组设计理念

通过在福利院与护理员的交谈,我们发现不少护理员对老人的认识存在一定的偏差,认为老人是老小孩,与其交流时会出现不讲道理的情况。但是老人不等于老小孩,护理员对老人的不正确态度,不但会影响专业人

员和社会如何对待老人，而且会影响到老人如何看待自己。老人若相信关于老化的负面说法，可能变得消极，并且因此限制他们的发展和享受晚年生活的乐趣。一旦护理员认为老人的身体和认知能力有限，他们就不会积极鼓励老人康复，这些做法会导致老人不能发挥康复能力，直接影响老人晚年的独立和幸福。护理员必须要尊重老年人并肯定他们的生命价值和生命贡献，才可能尽心尽力地服务他们。

我们的小组活动就是以"让护理员重新认识老人"为主题，积极地看待老人，在给老人做护理的时候，把这个理念贯彻下去，不仅让护理员重新看待老人，也希望通过护理员的积极鼓励使老人也重新认识自己，积极乐观地度过晚年生活。

三 目标及目的

1. 目标：让护理员重新认识老人，以促进与老人的良性互动。
2. 目的：
（1）让组员对于老人的概念有一个新的认识；
（2）鼓励组员学会挖掘老人不合理行为后的深层原因。

四 组员招募

面向杭州市第二福利院所有护理人员公开招募，主要形式有：在院内张贴宣传招募海报；请社会工作服务中心的工作人员协助宣传；向护理员发出邀请；根据老人的工作年限、兴趣爱好、活动能力等确定10~12位护理员为小组成员。

五 小组活动的时间和地点

1. 时间：2010年3月至6月，每两周开展一次活动，每次活动1小时（12：00—13：00），共四节活动，每两周开展一次反思活动。
2. 地点：杭州市第二福利院会议室。

六　评估方法

过程评估在每次活动结束后，采取由主持人同小组成员交流的形式进行。结果评估设计评估表，从主持人和小组成员对小组目标的实现程度、小组成员的参与情况及收获、主持人技巧等进行综合评价（参见附录1）。

七　所需物质

参照"小组活动计划"。

八　小组活动计划

第一节活动　初相识

日期及整节活动时间：2011年3月24日13：00—14：00

活动地点：杭州第二福利院会议室

活动时间	目标	内容	所需物资
15分钟	让组员及工作人员互相认识	工作人员以及组员自我介绍（包括姓名及在组中的角色）	—
5分钟	让组员分清楚小组的目的及内容，并澄清他们的疑问	介绍小组目的及内容	—
15分钟	与组员一起订立小组规范，使他们对小组更有归属感及责任感	与组员一起订立小组规范	—
15分钟	让护理员重新认识老人，做价值澄清	头脑风暴 让护理员用一个词语来形容老人，工作人员写在纸上，同时工作人员放映PPT做出价值澄清（老人≠老小孩）	大画纸1张、画笔1支

续表

活动时间	目标	内容	所需物资
20分钟	挖掘老人出现不能理解的行为的深层原因	角色扮演 由2名工作者扮演2位老人，护理员对2位老人进行护理，护理过程中，老人会做出一些不讲道理的行为；同时询问护理员在护理过程中，有没有出现过这种情况，然后跟大家交流一下出现这种情况会怎样做；工作人员随后表演出为什么老人会做出这种举动，让护理员能够在以后的工作中更加注重去挖掘老人行为的深层原因，并讨论如何应对	—
10分钟	让组员表达对这次聚会的感觉，令工作人员明白他们对小组的看法，使工作人员能从中改善，同时，令各组员了解到别人的感受	邀请组员简单地说出对这次聚会的感受及意见	—

第二节活动　呵护健康心灵，塑造和谐你我

日期及整节活动时间：2011年4月7日13：00—14：00

活动地点：杭州第二福利院会议室

活动时间	目标	内容	所需物资
10分钟	进一步增进组员间的了解，以强化组员的小组认同感	缘分锦囊 将写有所有组员名字的10张卡片放入锦囊中，逐一请组员从中抽取一张，并寻找到卡片上显示的组员，与其握手和相互介绍	卡片10张、锦囊1个
10分钟	起到破冰作用，再次加深组员间的相互了解，消除紧张感	游戏——接力沙龙 玩法：通过报数将护理员分成单双数两组，提前为每组分别准备好5张写有词语的卡片，在组织者示范后，护理员两组分别进行，并用非语言逐一传递下去，看哪个组猜出的词语数多，获胜一方获得毛巾等小礼品	小礼品若干、卡片若干

续表

活动时间	目标	内容	所需物资
15 分钟	帮助组员回忆工作和生活中美好的一面，愉悦其心情，从而间接缓解组员的工作压力	幸福瞬间 为每位组员发张小纸条，请其在纸条上列举自己拥有的三个幸福瞬间，并进行分享交流	卡片10张、笔10支
10 分钟	让组员意识到自己拥有的幸福和美好，使其更加热爱生活，从而间接缓解组员的工作压力	潘多拉魔盒 写出5个自己认为人生中最珍贵的东西，可以是人，也可以是物等，然后逐一删去，直到留下最后一个，并与组员共同分享感受	卡片10张、笔10支
20 分钟	给予组员发泄不良情绪的机会和出口，并间接为其寻找排压渠道	情境表演 组织者表演情景剧，展现护理员在服务老人过程中所遇到的烦恼、委屈、辛苦，再现其工作中可能面临的压力场景： （1）请组员分享其相似经历； （2）请组员为情景剧中的护理员出主意，为护理员提供缓解工作压力的方法和渠道	—
10 分钟	教授护理员减压技巧	爱心小课堂 在轻松的音乐中，带领并教授护理员放松疗法	
5 分钟	让组员表达对这次聚会的感受，使工作人员明白他们对小组的看法和意见，使工作人员能从中改善，同时令各组员了解到其他成员的感受	邀请组员说出对这次聚会的感受及意见	—

第三次活动　介绍养生知识，提升自我价值

日期及整节活动时间：2011年4月14日13：00—14：00

1. 各个游戏的规则

（1）简单养生操练习

（2）热身游戏：抢板凳

将板凳围成一个圈,参与者在音乐的播放过程中围绕板凳慢慢地走,音乐停止,参与者坐到板凳上,没有抢到板凳者输掉比赛。直至剩下最后一个参与者(板凳数目总少于参与者数目)。

(3)嘴巴手指不一样

社工先做一遍示范,参与者说出1~5的任何一个数字,出口后,手指马上摆出与所说数字不同的手势,也在1~5的范围内。如说1,可以摆2~5的手势。当所说的数字和所摆出的手势一致时,参与者就输了比赛。

(4)优点轰炸

参与者坐成一圈,以击鼓传花的方式,选出1位代表,代表抽签抽出2位组员,代表和其他人一起说出2名被抽到的组员的优点。一共抽出5位代表,所有组员的优点都被轰炸一遍。

(5)你真的很不错

社工先做一遍示范,参与者一起做如下动作:同时竖起左右手拇指,在胸前顺时针环绕,并说:"你真的不错。"然后逆时针环绕并说:"我真的不错。"最后,两手从中间分别向两边画半圆说:"我们大家都不错。"主持人要不断地提醒组员一起喊口号。

第四节活动　护理技巧大会演

日期及整节活动时间:2014年4月某日12:30—14:00

活动地点:杭州第二福利院会议室

活动时间	目标	内容	所需物资
15分钟	活跃小组气氛,使组员能够集中精神,更好地参与小组活动	1. 上面几次活动的视频回顾; 2. 分发小贴纸,将参加活动的护理员姓名写出来,贴在衣服上,便于交流; 3. 简单介绍本次小组活动内容	合照照片10张、贴纸若干、笔若干、别针若干
10分钟	承接上一次活动,放松护理员的心情,交给护理员简单的养生动作,让护理员在平时教给老人,增强护理员与老人之间的联系	手部养生操: 1. 虎口平击36次(合谷); 2. 虎口交叉互击36次(八邪); 3. 手掌侧击36次(后溪); 4. 手腕互击36次(大陵); 5. 十指交叉互击36次; 6. 十指相对鼓掌; 之后向护理员赠送写有手部养生操的卡片	手部养生操卡片若干

续表

活动时间	目标	内容	所需物资
25分钟	帮助护理员提升护理技巧与方法	请护理员一次讲述自己所处理或者了解的一个问题，然后由志愿者表演，请其他护理员依次上来演示如何解决，最后由分享案例的护理员解答自己当时是如何解决的，每一次都由主持人做适当的总结，澄清问题的解决办法不仅仅是一个 （备案）情境再现：给出一个关于身体不适、心情欠佳的老人的案例，请志愿者演绎，针对这一案例，引导护理员进行技巧和情绪的回顾和展示 情景剧（见附录2）	PPT
10分钟	促进护理员之间的相互学习，提升自信，以提高她们的职业认同感	"我有……我可以……"： (1) 社工先讲清楚游戏规则； (2) 全体参与者站或坐成一圈； (3) 由社工先开始，表达"我有一双眼睛，可以看见很多美好的事物"； (4) 轮流让每位参与者说一句，说完一轮，"说不出"的参与者可由其他参与者协助回答； 将事先收集到的老人对护理员的较正面的评价或是感谢的话做成精美的小卡片送给护理员	背景音乐资料、小卡片10份
10分钟	总结整个小组活动，让组员重温小组内容，宣布小组结束	(1) 工作人员发表结束感言，总结回顾整个小组活动，与组员分享小组活动感受； (2) 赠送小礼物（相册和毛巾）	PPT、礼品若干
10分钟	小组成效评估	请护理员做小组活动后的评估问卷	评估问卷、笔各10份
10分钟	留念	合影	—

附录1：评估问卷

1. 你觉得参加这个小组对你有帮助吗？

A. 有　　　　　B. 一般　　　　　C. 没感觉　　　　　D. 其他

2. 参加完这个小组，你觉得你对小组的期望达到了吗？

A. 基本达到　　　B. 达到一点点　　C. 几乎没有

3. 在参加这个小组时，你的感受是怎样的？

A. 轻松　　　　B. 紧张　　　　C. 压抑　　　　D. 感觉一般

4. 你对这个小组的活动内容满意吗？

A. 大部分满意　B. 一般　　　　C. 少部分满意　D. 都不满意

5. 如果下次有类似的小组，你愿意主动参加吗？

A. 愿意　　　　B. 不愿意　　　C. 无所谓

6. 在这个小组，你学到了什么？（如信心、感恩、爱与关怀、体谅、决心等）

7. 在整个小组活动中，你印象最深刻的活动是什么？

8. 你对小组有什么建议？

附录2：情景剧

一个咽喉发炎的老人甲，中午没有吃饭，同房间老人乙告知护理员，护理员丙、丁前来处理。

丁：××奶奶，今天怎么没有去吃饭呢？

甲：我就是不想吃。

丙：奶奶，您是怎么回事啊，是觉得饭菜不合胃口还是不舒服？

甲：今天的饭菜让我一点胃口都没有，我吃不下去的，你们的饭菜做得不好。

丙：奶奶，今天很多爷爷奶奶都说饭菜很好吃的，再说了，您先尝尝，不合心意我们可以换。

丁：是啊，我们今天饭菜挺好的，奶奶您是不是有点不舒服，我听您说话有点咳嗽，是不是嗓子不舒服？

甲：我啊，身体一点小事，没关系的，反正我是觉得你们的饭菜今天我吃不下，你们不要找借口了。

丁：奶奶您这就不对了，大家都觉得好吃，怎么就您觉得不好吃呢？

甲：哎，你这个年轻人怎么讲话的！我一个老人你这样子讲我啊！你要尊重老人。

案例评析

对养老护理员开展专业服务是老年社会工作的重要组成部分，符合老年社会工作的"家庭思维"。与社会工作2008级老人小组工作相对应，本次护理员的小组工作是社会工作专业同学第一次自己策划并主持的面向养老护理员的实务活动，小组活动开展具有一定的开创性意义。小组设计基于需求评估，围绕总体目标设计了各节活动，并根据过程评估调整了活动环节，小组活动设计具有弹性；活动策划遵循"增能"取向——增强减轻工作压力的技巧、提升为老人服务的技能；具体活动中融入社工剧、角色扮演等专业手段。从规范上看，小组活动策划和开展过程中仍然有不足之处：第一是活动设计以小组工作者为主导，养老护理员参与较少；第二是小组节数偏少，仅有4节活动；第三是小组活动过程中工作者始终处于主导地位，没有充分利用组员的动力；第四是需求评估不充分，对护理员因自身生理、心理、社会环境变化而产生的需求关注少。

"彩虹桥"养老护理人员成长小组

指导与评析：郑 蓉　张祥晶
工作人员：康 嘉　孟 莹　王子君　黄万能
　　　　　王晶晶　苏恺莉　张梦佳　施成成
　　　　　孙 冉　屈红玉　刀乙珍　徐一弘
　　　　　蔡晓鹏　张小波　陈王姝睿
实施机构：杭州师范大学社会学系

一　背景

随着我国经济的飞速发展，人们的生活质量日益提升，医疗卫生水平也得到改善，人的寿命大大延长，再加上计划生育政策的实施，我国的生育率降低，最终表现就是老龄人口的迅速增加，由此，我国提前进入老龄化社会。一方面，巨大的老年人口数量使我国传统的家庭养老和居家养老已经不能满足迫切的社会养老需求，这给机构养老提供了良好的发展契机；

另一方面，人们的思想观念也在不断更新，越来越多的人愿意在养老机构安度晚年。伴随养老机构的迅速发展，机构护理人员的社会需求也在急剧增加。然而，与巨大的需求不符的是我国护理人员严重缺失，并且存在队伍不稳定、流失严重的问题。

出现这样的局面的原因主要有两方面：一方面，护理人员与老人的数量悬殊，一个护理人员常常要照看几个老人，这就使护理人员日常的工作强度大，在烦琐的工作过程中面临身体和精神的双重压力；另一方面，由于护理人员的社会地位较低，护理人员对自己的工作缺乏认同感，而这种认同感的缺失造成了他们极大的不自信，常常羞于表达和展现自己，使护理人员内心比较压抑，长此以往对护理人员自己或者护理对象都是极为不利的。

相同的情况也存在于杭州市第二社会福利院，高强度的护理工作使护理人员身体疲惫，老人及其家属的不理解使护理人员的不自信增强，他们面临很大的精神压力。为了帮助护理人员减轻身体和精神方面的压力、增强他们的自信心、提升他们的工作效率，我们小组在对福利院的护理人员进行一些需求评估之后，针对他们目前的迫切需求运用小组工作的理念，制订可行性方案，以小组活动的形式开展实施计划，从而达成双方共同的目标。

二 理论架构

（一）小组动力学：具有相似特点活动对象适合的提升自信心小组

小组动力学理论的基本观点有：第一，小组一旦产生就会形成一个心理场域，组员进入小组就进入一个由自身和不同的力量和变量组成的心理场域中，个人和这种心理场域相互作用和影响，小组动力由此形成。第二，小组工作的核心任务之一是催化凝聚力的产生和提高，凝聚力的形成必须以成员积极互动和交流开展的共同生活为中介。第三，小组动力的主要因素包括输入因素（成员特性、小组特性、领导者）、过程因素（沟通方式和内容、领导者素质和领导方式技巧）和输出因素（成员的改变、小组的进展和机构的发展）。

在同一个场域中将护理员分类，认知与行为的改变由同伴的互动作为动力。小组作为一个整体，它的整体表现、凝聚力的提高会对每个成员形成相应的动力，使整体中的个体不断完善自我。而小组成员的改变和小组的进展均取决于动力驱使。

（二）社会学习理论：小组特点

社会学习理论建立在行为主义理论基础之上，不仅强调人类行为的习得性，即教育和环境的重要性，而且强调人的行为、思想、情感反应方式和行为不仅受直接经验影响，同时也受间接经验影响。行为与环境具有交互作用，观察和模仿是学习的重要过程，个人的认知在学习中发挥着重要作用。成长小组的主要目的是在活动的过程中帮助护理人员认识自己，提升他们的自信和自我认同。

（三）镜中自我：针对优点轰炸等环节

在与他人的互动过程中，通过感知他人对我们的反映和评价，从而建立起自我意识、自我形象和自我评价。他人犹如一面镜子，我们正是从他人这面镜子里发现了自我，并根据镜子里的这些形象产生满意或不满意的心情。同样，通过他人这面镜子，即通过他人的反映和评价，我们看到自己的风度、行为、性格等是否合适，是否需要修正。我们对他人眼中自己形象的想象，对他人关于这一形象评价的想象以及某种自我感觉，构成了我们的自我认识。

我们对护理人员进行的一系列游戏与角色扮演就是想让他们通过小组成员的表演看到自己的行为，在对小组成员进行行动矫正的同时感悟到自己的不足与欠缺。

（四）优势视角：挖掘自信心与认同感

优势视角（Strength Perspective）是一种关注人的内在力量和优势资源的视角。它意味着应当把人们及其环境中的优势和资源作为社会工作助人过程中所关注的焦点，而非关注其问题和病理。优势视角基于这样一种信念——个人所具备的能力及其内部资源允许他们能够有效地应对生活中的挑战。它是一种运用赋权的方式使服务对象从消极悲观转向积极乐观、从问题缺陷转向优势力量的理论视角。

（1）优势视角相信人可以改变，每个人都有尊严和价值，都应该得到尊重。

（2）优势视角认为每个人都有自己解决问题的力量与资源，并具有在困难环境中生存下来的抗逆力。即便是处在困境中备受压迫和折磨的个体，也具有他们自己从来都不曾知道的、与生俱来的潜在优势。

（3）优势视角认为在社会工作助人实践过程中关注的焦点应该是案主个人及其所在的环境中的优势和资源，而非问题和症状，改变的重要资源来自案主自身的优势，个人的经验是一种优势资源。

在小组活动的开展过程中，我们应该尽量鼓励案主用优势的视角来看待自己和自己的工作，以此来增强案主对自己工作的认同感和自信心，同时将这种优势视角传递给案主，帮助案主在平时的工作和生活中用优势视角来服务他人，从而获得工作和生活的乐趣。

三 小组目标及目的

（一）目的

秉承相互接纳、支持原则，提升护理人员对工作的认同感及自信心；改善护理人员与老人以及其家属之间的关系；促进护理员人间的互动和交流，实现组员增能。

（二）目标

1. 通过游戏使护理人员和社工相互认识，简单介绍整个活动的基本流程。

2. 增加护理人员健康方面的知识，帮助护理人员更好地生活，为老人提供更好的服务。

3. 通过资料介绍和情景剧让护理人员对自己的工作有全面的认识，协助护理人员接纳自己的工作，达到自信工作的目的。

4. 帮助护理人员学会换个角度看自己以及自己的工作，增强对自己的认同感。

5. 通过角色互换环节使护理人员和老人及其家属间相互理解，使护理人员快乐工作。

6. 使护理人员能够置身于福利院的环境中，学会从福利院、老人及其家属的角度思考问题。

四 小组成员

1. 对象：杭州市第二社会福利院自理区的护理人员。

2. 成员特征：

（1）对自己的工作认同感较低，工作和生活中很不自信；

（2）在福利院工作面临身体和精神两方面的压力；

（3）与老人家属的紧张关系很难得到有效调节。

五 小组特征

1. 性质：成长小组。

2. 节数：6节。

3. 日期：2014年3月28日至5月9日。

4. 时间：每周五12：30—13：30，每周开展一次活动，每三周举行一次反思。

5. 参与人数：8人。

6. 小组成员招募方法：面向杭州市第二社会福利院自理区所有养老护理人员公开招募，主要形式包括在院内张贴宣传招募海报，请社会工作服务中心的工作人员协助宣传，向养老护理人员发出邀请。再根据护理人员工作经历、兴趣爱好等确定八位养老护理人员组成小组成员。

六 小组节次及日程安排

节数	主题	日程
第一节	"微笑你我"——初相识	3月28日
第二节	健康使人强大	4月4日

续表

节数	主题	日程
第三节	我是护工，我自豪	4月11日
第四节	换个角度看自己	4月25日
第五节	让我们来了解你	5月2日
第六节	微笑每一天	5月9日

第一节活动 "微笑你我"——初相识

日期及整节活动时间：2014年3月28日 12：30—13：30

活动地点：福利院活动室

活动时间	目标	内容	所需物资
5分钟	让护理人员集中注意力，互相认识，并提醒大家活动的开始，有利于接下来活动的开展	主持人开场白 具体内容：社工专业学生做自我介绍，同时介绍这次小组活动的主题及活动环节	1. PPT； 2. 背景音乐； 3. 胸牌
5分钟	护理人员和同学结成对子，提高护理人员参与度，帮助消除陌生感、打破护理人员相互间的小团体状态，有助于护理人员集中精力	合唱《我只在乎你》 具体内容：介绍选择《我只在乎你》这首歌的意义并合唱	1. PPT； 2. 伴奏
15分钟	通过简单有趣的破冰小游戏活跃现场气氛，促进组员与同学间的交流和合作，进一步增进组员与同学间的了解，以强化组员的小组认同感	游戏——桃花朵朵开 具体内容：伴随着音乐，开始桃花朵朵开活动，主持人介绍游戏玩法，并由同学示范，规定没有组成规定人数的人要进行自我介绍，并说一件在工作过程中的趣事（具体游戏规则见附件一）	1. PPT； 2. 背景音乐
5分钟	让组员更清楚小组目的及内容，并澄清他们的疑问	介绍小组目的及内容 具体内容：介绍小组的名称、目的以及六次活动的大概流程	1. PPT

续表

活动时间	目标	内容	所需物资
5分钟	与组员一起订立小组规范，使他们对小组更有归属感及责任感，希望组员能有秩序地参与小组活动	小组契约树 具体内容：与组员一起订立小组规范（契约内容见附件二）	1. 契约树； 2. 签字笔
10分钟	导入社工价值理念	简单导入社工专业及其专业价值观 介绍社会工作的基本价值观和专业理念、社会工作者在福利院扮演的角色、社会工作的功能以及社会工作的一些专业方法等	1. PPT； 2. 背景音乐
10分钟	缓解严肃气氛，给组员站立活动的机会，给整体活动留下有趣的心理体验	游戏：嘣！嘣！换！ （游戏规则见附件三）	
5分钟	加强组员对活动主题的认识，帮助其增强心理暗示，令各组员了解到别人的感受	邀请组员简单地说出对这次聚会的感受； 组长小结，预告下次活动的时间和地点	

附件一：桃花朵朵开

人员分配：两个主持人负责讲解和主持游戏，其他社工和护理人员等参与游戏的全部队员一次围成一圈顺时针慢走。

主持人说：桃花朵朵开。

队员就问："开几朵？"

主持人会报出一个数字，比如"5"，那么队员必须快速地5个人在一起，不能多也不能少，多了或者少了，就请他们出来自我介绍。

附件二：小组契约树

亲爱的小组成员：

您好！为了达成我们共同的目标，在小组开展的过程中，希望各位成员能够遵守以下规范。

1. 我们是一个整体，任何活动要以小组为中心，不得擅自离开或无故缺席、退席。我们一共开展六次活动，每次一小时，希望在这六个小时里，我们每个人能够百分之百参与。

2. 组员间应该是伙伴关系，应开放、宽容和信任。我们要认真对待每一位组员，尊重他人，相亲相爱，互相鼓励。

3. 积极参加小组活动，平等、真诚、坦白地表达自己的想法。

4. 认真倾听，尊重他人的感受和想法，不批判，不指责；对他人发言，提出积极的、合作的、有意义的回应。

5. 遵循保密原则，不得将小组中组员的私人内容外传或者作为取笑其他组员的材料。

6. 多为他人着想，注重时间观念，按时到达规定地点参加小组活动。

7. 身体不舒服或有其他困难，可第一时间告诉工作人员。

8. 此契约对护理小组每一个组员、护理人员均有效。

附件三：嘣！嘣！换！

游戏方法：

1. 参与者依次排列，站着为宜。起初姿势：先右手捏住鼻子，后左手捏住耳朵，捏住耳朵的手臂在外侧。

2. 起初姿势待定好之后，主持人喊道："嘣！嘣！换！"参与者松开捏住鼻子和耳朵的手随着主持人嘣嘣换的节拍在空中挥舞，当主持人喊"换"时变为左手捏住鼻子，右手捏住耳朵，右手臂在外侧。（主持人可示范）

3. 若有人反应较慢，或有任何出错，游戏需要重新开始。

第二节活动 健康使人强大

日期及整节活动时间：2014年4月4日 12：30—13：30

活动地点：福利院活动室

活动时间	目标	内容	所需物资
5分钟	回顾上节，以便迅速进入活动氛围	向护理人员展示上次活动的照片和视频	照片、视频

续表

活动时间	目标	内容	所需物资
10分钟	活跃气氛	热身游戏：萝卜蹲 游戏规则："萝卜蹲"游戏是指几个人分别代表一个蔬菜或水果，一人先开始，说"××蹲，××蹲，××蹲完××蹲"，被叫到的人继续说，若未说出则被淘汰	头环
15分钟	了解一些健康知识，养成良好的生活习惯，进而更好地护理老人	知识竞答：护理人员分成两组竞答有关养生的问题，答对题目最多的小组获得奖励 注：护理人员不清楚的由社工详细解释	养生知识题（见附件四）
15分钟	强调日常养生的重要性，让他们形成健康意识	论健康饮食的重要性 介绍健康饮食在我国的悠久历史，以及世界卫生组织关于健康的一些科普知识	—
15分钟	学习健康操，帮助缓解工作疲劳	现场观看视频，再由社工分步教学	视频

附件四：知识竞答

日常保健

1. 感冒忌用下列哪一种食物（A）

   A. 海鱼　　　　B. 豆浆　　　　C. 青菜　　　　D. 生姜

2. 老年人一天吃几只鸡蛋才合适（B）

   A. 2只　　　　B. 1~2只　　　C. 1只　　　　D. 2~3只

3. 夏季在烈日下工作或运动量过大出汗多时，为预防中暑应多喝（C）

   A. 糖水　　　　B. 糖醋水　　　C. 盐开水　　　D. 白开水

4. 烧菜时最好在何时加碘盐以减少碘的损失？（D）

   A. 烧菜前用碘盐爆锅　　　　　B. 烧菜加水前
   C. 烧菜加水后　　　　　　　　D. 菜将出锅时

5. 豆浆又叫"植物奶"，被国际营养协会评定为健康食品和世界六大营

养饮料之一。但是喝豆浆也有注意事项，以下正确的食用方法是（C）

A. 喝没有煮沸的豆浆　　　　B. 豆浆中冲入鸡蛋

C. 喝豆浆时搭配其他食物　　D 用保温瓶长时间储存豆浆

6. 铜器与（D）不宜长久接触，否则会产生铜绿。用生有铜绿的铜器盛放食品或烹炒菜肴易中毒。

A. 酱油　　　B. 花椒面　　　C. 味精　　　D. 醋

7. 老年人日常饮用水最好的是（C）

A. 果汁　　　B. 饮料　　　C. 茶水及白开水

8. 女性为减少患妇科癌症概率应多吃（A）

A. 坚果　　　B. 蔬菜　　　C. 水果　　　D. 鸡蛋

慢性病

1. 低盐饮食有利于预防什么疾病？（C）

A. 乙型肝炎　B. 糖尿病　　C. 高血压　　D. 贫血

2. 肥胖容易导致的疾病不包括（D）

A. 冠心病　　B. 高血压　　C. 糖尿病　　D. 肺炎

3. 肥肉、油炸食品不能长期食用，因为高油高热量，没有营养价值，容易患（A）

A. 高血糖、高血压、高血脂　　B. 心脏病

C. 老年痴呆　　　　　　　　　D. 胃病

4. 糖尿病患者宜多吃下列哪种食物控制血糖？（B）

A. 蔬菜　　　B. 五谷杂粮　　C. 肉类　　　D. 水果

5. 预防动脉粥样硬化应多摄入（C）

注：动脉粥样硬化是一组动脉硬化的血管病中最常见的一种。

A. 维生素 A　B. 维生素 C　　C. 维生素 E　　D. 钙质

6. 具有降低血脂作用的食品是（A）

A. 魔芋　　　B. 米饭　　　C. 猪肉　　　D. 牛肉

7. 高血压患者每天饮酒不宜超过多少克（B）

A. 100 克　　B. 25 克　　　C. 75 克　　　D. 10 克

8. 请计算自己的 BMI

注：BMI（Body Mass Index）即身体质量指数，是与体内脂肪总量密切相关的指标，主要反映全身性超重和肥胖。

计算公式：体重指数 BMI = 体重/身高的平方（国际单位 kg/m^2）。

针对一个人的情况简单分析，提出参考的意见（具体情况见表1）。

表1 身体质量指数的不同标准

BMI 分类	WHO 标准	亚洲标准	中国参考标准	相关疾病发病的危险性
偏瘦	<18.5	<18.5	<18.5	低（但其他疾病危险性增加）
正常	18.5~24.9	18.5~22.9	18.5~23.9	平均水平
超重	≥25	≥23	≥24	
偏胖	25.0~29.9	23~24.9	24~26.9	增加
肥胖	30.0~34.9	25~29.9	27~29.9	中度增加
重度肥胖	35.0~39.9	≥30	≥30	严重增加
极重度肥胖	≥40.0			非常严重增加

第三节活动 我是护工，我自豪

日期及整节活动时间：2014年4月11日 12：30—13：30

活动地点：福利院活动室

活动时间	目标	内容	所需物资
5分钟	更好地衔接两次活动	1. 护理人员分享上次活动的收获和所得；2. 简单介绍这次活动的主要内容	—
10分钟	活跃气氛，增强护理人员之间的信任感	"摸石头过河"护理人员分成四组，每组两两结合，A 先蒙上眼听 B 口令，A 在 B 的指引下顺利"过河"，两组总共用时最短的小组获得奖励	塑料瓶、眼罩、奖品
10分钟	让护理人员认识中国老龄化的现状以及自己角色的重要性	了解与人口老龄化的现状和目前护理人员短缺以及护理人员工作重要的相关资料（附见五到七）	PPT
15分钟	增强护理人员自身的价值感，提升护理人员对自己职业的认同感	情景剧：共同的爱（剧本见附件八）	PPT
10分钟		护理人员的扮演者、社工谈谈对护理人员这个职业的认识	—
10分钟	分享组员对活动的感受，介绍下次活动的内容	邀请组员分享对本次活动的感受，并提出对下次活动的要求或者期望；社工说明这次活动的主旨是接纳，学会接纳自己的工作，实现自信工作	—

附件五：人口老龄化现状的资料

2010年，全国第六次人口普查数据显示，目前我国65岁及以上人口占总人口的8.87%，比2000年第五次人口普查上升1.91个百分点，我国老龄化进程逐步加快。这意味着2010年以后的几年，我国的养老护理与医疗护理需求，将会出现井喷式增长。

截至2012年底，我国60岁以上老年人口已达到了1.94亿，占全国总人口14.3%，2025年将突破3亿，2034年将突破4亿，并且我国的老龄化呈现失能老年人、高龄老年人、空巢老年人以及贫困老年人比例高等特点。

在全世界范围内，每一秒钟有2人步入60岁，每年有共计5800万人满60岁。到2050年，全世界老年人口数量将第一次超过15岁以下的儿童数量。

2012年，有3.1亿人在60岁及以上，占全球人口的11.5%。这个数字预计将在10年以内达到10亿，到2050年时，将达到现有数字的两倍多，为20亿，占全球人口的22%。在过去的10年中，60岁及以上的人口已经增长了1.78亿，几乎相当于世界第六大人口国巴基斯坦的人口总数。

2010~2015年，发展中国家人口的平均寿命为68岁。到2045~2050年，发展中国家人口的平均寿命将达到74岁。目前每3个60岁及以上的人中，有2个生活在发展中国家。到2050年，每5个60岁及以上的人中，有将近4个生活在发展中国家。

附件六：护理人员缺失的资料

近年来，护工日渐成为大众生活中不可或缺的一个行业。《新民晚报》报道，一项调查显示，80%的独生子女夫妻当老人住院时会选择请护工照顾。这就意味着，随着老龄化人口的增加，未来社会对护工的需求将进一步加大。

然而，在巨大的市场需求面前，护工群体的数量却在不断减少，"护工荒"在全国各地相继上演。据《北京晚报》报道，北京当前老年护理人员极度短缺，持证上岗的资深护工千金难求。《南京日报》也报道，南京市大部分养老机构正遭遇严重的"用工荒"，预计护工缺口达数千人。在某些地方，即便护工的报酬不断上涨，有的甚至超过20%，可依然很少有人愿意从事这份工作。

附件七：护工行业的缺失

福建省医院管理协会副秘书长、医院管理专家张子平指出：一方面，随着社会老龄化和恶性病年轻化，住院患者逐年增多，护士从事的工作难以满足临床护理工作的需要；另一方面，由于生活节奏的加快，由患者家属长期照料患者也不实际。因此，护工作为社会分工的产物，已经成为一种不可缺少的社会职业。但由于护工队伍素质参差不齐、相关管理制度滞后等原因，当前我国护工行业的发展难言健康。

首先，从业人员素质较低一直是我国护工行业发展的顽疾。早在2009年，上海市妇联进行的一项关于护工群体的调查显示，上海的护工呈现以中年女性为主、文化素质偏低、外来人员多、专业培训少等特点。据湖南省卫生厅医政处2010年的统计显示，湖南近两万名护工从业人员中，90%的人员都为"游击队员"，仅10%的人员接受过系统培训。

针对护工文化水平低、专业水平差等问题，北京市曾尝试对全市护工进行统一培训，每人补贴400元，考试合格者发上岗证，确保护工持证上岗。但据《北京晚报》披露，这项政策在执行过程中逐渐变了味，不少培训学校"上有政策、下有对策"，按规定要有12天课程，既有理论学习又有实习操作，但实际情况是，培训经常变成走过场，一两天就完事。而且，培训证书都由培训机构自己发放，很少有人查证。

其次，当前政府部门对护工行业的管理也严重滞后。在我国，护工行业与医院多年的发展密切相关。改革开放后，医院处于急速发展阶段，床护比（病床与护士人数比例）严重不足。因此，作为护理的补充力量，护工应运而生。但由于护工属于一般看护性人员，在要求医院自负盈亏、自谋生存的社会大背景下，医院通常更加关注自身的利益。鉴于管理护工不但没有利润，还要花费人力和物力，许多医院最终把护工管理当成一个负担推向社会。

国务院印发的《关于加快发展养老服务业的若干意见》（以下简称《意见》）明确提出，进一步加强社会力量参与养老服务的积极性，支持社会力量举办养老机构。

《意见》提出，到 2020 年生活照料、医疗护理、精神慰藉、紧急救援等养老服务覆盖所有居家老年人，社区服务设施覆盖所有城市社区、90% 以上的乡镇和 60% 以上的农村社区，社会养老服务床位数达到每千名老年人 35~40 张。

民政部某官员指出，当前，民政部门主管的养老服务工作正在发生深刻变化：在服务人群上，已经由过去主要服务"三无""五保"人员，拓展到包括"三无""五保"人员在内的全社会老年人；在行业管理上，已经由过去仅仅管理非营利性养老机构，拓展到了全部养老机构，将各类性质的机构统一纳入行政许可范围；在体系布局上，已经由过去仅注重发展养老服务事业，拓展到了养老服务事业和产业并举的养老服务业；在水平要求上，已经由过去简单的、传统的、偏重物质保障，向综合性、专业化、现代化、物质保障与精神满足并重的方向发展。必须切实增强历史责任感，主动迎接挑战，主动适应新形势、新情况、新变化，善于学习、善于协调、善于创新，不断增强在新的历史条件下推动养老服务业加快发展的本领和能力。

附件八：情景剧

人物：黄爷爷：黄万能　护工：康嘉　黄爷爷的女儿：苏恺莉

张爷爷的女儿：张梦佳　旁白：施成成

黄爷爷是一名退休工人，老伴在前几年去世。女儿决定将无人照料和陪伴的黄爷爷送入福利院。

第一幕：老人家中

女儿：爸，我有事想和您说。

黄爷爷：什么事啊，说吧。

女儿：您看我们现在工作特别忙，您年纪又慢慢上去了，我们平时照顾您总有不周到的地方，放您一个人在家我们也不放心，刚好市福利院那边最近有空位，您看……要不，您去福利院住着？

黄爷爷：啊……要把我送去福利院待着啊？你们是不是嫌弃我了啊？（难过）

女儿：怎么会呢，只是我们平时实在是工作忙，万一您在家出点什么意外……听我的吧，爸，福利院条件很好的。

黄爷爷：那好吧。（心里却不是很乐意）

第二幕：福利院

（黄爷爷来到福利院已经快一个月了，基本上已经适应了福利院的生活，但是依旧有点不适应，情绪比较低落，总是发脾气。）

护工：爷爷，我们该吃饭了，我喂您吃饭吧！

黄爷爷：我不想吃，没有胃口。

护工：那怎么行呢，只有好好吃饭才有精力与其他爷爷切磋棋艺嘛，爷爷听话！

黄爷爷：我说了我不想吃了。（执拗）

护工：爷爷听话，不吃饭怎么行呢，爷爷您看，今天午饭有您喜欢吃的水蒸蛋，可好吃了。

黄爷爷：（默默地看了一眼午饭）那好吧。

中午，黄爷爷的女儿来看黄爷爷，可是刚走到门口就听见：

黄爷爷：护工，我要吃饼干，我想吃零食。

护工：爷爷，不行，您刚吃的午饭还没消化呢，再吃饼干会积食的。

黄爷爷：我想吃饼干都不行了吗？

护工：这样吧，爷爷，我们再过半小时再吃饼干行吗？我不是不让您吃，而是怕您消化不了，这对您身体也不好，爷爷您说是吧？

黄爷爷：那好吧。

（黄爷爷的女儿走进黄爷爷的房间）

护工：阿姨你来了呀，爷爷今天状态挺好的，你陪爷爷说会儿话，我去接瓶水。

女儿：恩，好的，你去吧。

女儿：爸，您在福利院还好吗？护工对您怎样？

黄爷爷：福利院还能怎样？凑合着过吧。（不是很开心）

女儿：怎么了爸（担心），我看着这里环境挺好的，老人们也挺多，您是不是受什么委屈了，是不是护工对您不好啊？

黄爷爷：也还凑合，就是总让我干我不乐意干的事，吃个东西还得经护工的同意，唉……这日子真是没家里自由啊。（随后沉默，不想说话）

女儿：还有这样的事？（不高兴）爸，您放心，我会和护工沟通这事的，您安心在这待着，这里总比家里一个人好呀。

第三幕：福利院的花园旁

女儿：我找你来是有点事想跟你说说。（略傲慢）

护工：阿姨，你说吧，我听着呢。

女儿：听我家老爷子说，你总是让他干他不乐意干的事，吃东西还得你同意，这是真的？

护工：这根本没有啊。

女儿：那我爸怎么会平白无故和我说这个？

护工：阿姨，可能是这样的，老人吃饭是没有规律的，时多时少，这样很影响消化，所以我们就按时间给老人适量的食物，这也是为了老人好，可是有时候老人自己不太理解，才会这样说，你说的那些委屈肯定是没有的。

女儿：真的吗？（狐疑）

护工：真的是这样的，阿姨，你相信我。（真诚）

女儿：那我暂时先信你一次，下次要是我爸再这样说，那可就说明你们有问题了。（扭头离开）

护工：阿姨，你就放心吧。

第四幕：病房外

（女儿又来看黄爷爷了，在房间待了一会儿就说到外面转转。刚好碰见和老爷子同房间张爷爷的女儿。）

黄女儿：怎么看你那么眼熟呀，你是不是318房间张叔叔的女儿呀？

张女儿：对啊，你是？

黄女儿：我们俩的爸爸住一个房间的，可能每次来的时间都不一样，都没怎么碰上过。

张女儿：噢，我想起来了，还真是巧了。你家老爷子现在情况咋样啊？

黄女儿：身体状态倒还好，就是……

张女儿：什么？

黄女儿：我爸的那个护工对老爷子好像不太好，我想换一个。

张女儿：不会呀，我觉得那护工照顾的挺好的呀，每次我过来都看见她和老爷子有说有笑,而且她可勤快了,一直忙前忙后,总不见闲着。

黄女儿:不可能,我爸给我说护工不好,总是让他干他不乐意的事情呢。

张女儿:没有吧,反正我是没有看到了。

黄女儿:是吗?(陷入思考)

张女儿:我不跟你聊了,我家里还有点事,就先走了。这事你再好好琢磨琢磨。

黄女儿:好的,下次见。

(不知不觉,黄女儿走到爸爸的房间,听到里面传来说话声。)

护工:爷爷,您又不想吃饭了?听话,这饭是必须得吃的啊。

黄爷爷:可是我实在是没有心情吃啊。

护工:(想起了老人情绪一直不好)爷爷,您是不是不喜欢福利院的日子啊?

黄爷爷:(叹了口气)其实福利院日子过得还不错,可是总觉得不如家里,觉得女儿把我送来这实在是……唉!

护工:爷爷,您就放宽心吧,我们这有专门的医生,还有护工照顾您,无聊时还有其他爷爷给您解闷儿。她真的是为了您好啊。

黄爷爷:真的么?(怀疑)

护工:那是当然啊!您女儿那么孝顺,三天两头来看您,这不跟在家一样嘛。您啊,就好好安心在这享福吧。

黄爷爷:(慢慢高兴起来)这样啊。

护工:爷爷您这回总该有心情吃饭了吧,您以前总是不按时吃饭,还老爱饭后吃零食,这样对胃可不好。

黄爷爷:好好,我这就吃饭。

(门外的黄女儿大悟,明白了之前老人说的话的真相,她决定找护工好好谈谈。)

第五幕:花园旁

黄女儿:对不起啊!那天我误会你了。

护工:阿姨,没事儿。这种事我常常碰见,老人们有时候总会闹闹小脾气，黄爷爷他来福利院还不久，肯定是没适应过来，阿姨你平时也该多和老人说说话，让他不要因为来福利院而感到不开心。

黄女儿：好的，这真是多亏你了，我们之前也没考虑过老人的想法，就想着把他送过来是为他好，平时真的是辛苦你们了，我们真的十分需要你们这些护工，可能有时候我们误会了你们，也请你们多担待下，你们的存在对我们来说非常重要。

（回到病房）

黄女儿：爸，真是对不起，我之前也没和您好好沟通就坚持把您送到福利院，让您生气了。其实我是看您一个人在家实在是不放心，又想到这里有好多和您一样年纪的老人，和您有话说，还有专门的护理人员照顾您，所以才送您来这里的。

黄爷爷：是吗？我总是担心你这是不要我了，嫌我拖累你。

黄女儿：不会的爸爸，我怎么会那么想呢？我是真的为你着想啊！

黄爷爷：那就好，那就好，现在说开就好了……

（黄爷爷解开了心结，笑得很是开心。护工在一旁也欣慰地笑了。）

旁白：护工边笑边在心里想到自己的工作虽然辛苦但很有意义，看着老人健康快乐的生活，觉得很知足。

附件九：评估问卷

请就下面每一项进行评价，并请在相应的分数上打"√"

活动内容	非常满意	满意	一般	不满意
1. 此次活动内容对我的工作和生活有很大的帮助				
2. 此次活动增加了我的自信心				
3. 此次活动内容简单且丰富，便于参与				
4. 此次活动内容有较大的适用性和实用性				

主持人	非常满意	满意	一般	不满意
1. 主持人表达清楚，态度友善				
2. 主持人对活动内容有独到的见解，准备工作充分				
3. 主持人能够掌握现场气氛				
4. 主持人讲的内容容易理解				

附件十：评估方法

（一）针对社工自己

1. 在小组活动最后一节时，组员完成评估问卷，比较活动前后的转变和改善。

2. 检查前三次活动的照片和视频，检讨社工的肢体语言、主持方式和活动参与带动方式的不妥之处。

3. 回顾三次活动最后护理人员反馈的意见，看社工是否有改进。

4. 社工根据前三次活动的开展情况来修改后三次活动的具体内容。

5. 社工要观察出小组成员中比较突出的个案类型（表现很好或十分不主动）并对他们做出主观评估，对其指定后三次活动的应对方案。

6. 社工内部开会，成员们踊跃提出建设性意见，为修改后三次活动提供资源。

7. 根据前三次的情况，为后三次活动做风险预估并想好应对措施。

（二）针对小组成员（护理人员）

1. 小组成员分享自己参加活动的感受以及对接下来活动的意见。

2. 依据小组成员的出勤率和参与率对前三次活动的效果做出评估。

3. 透过与组员的倾谈来了解他们对小组的建议和意见。

第四节活动　换个角度看自己

日期及整节活动时间：2014 年 4 月 25 日 12：30—13：30

活动地点：福利院活动室

活动时间	目标	内容	所需物资
5 分钟	由于第三次活动之后同学们总结休整了一周，所以需要解释一下，总结上次的活动，开启新的活动	"我们又见面啦！" 1. 向护理人员说明我们休整一周的原因； 2. 简短地总结前三次的活动，阐述第四次活动的主题； 3. 重申一下小组契约，新的活动主持人自我介绍并宣布活动开始	PPT

续表

活动时间	目标	内容	所需物资
10 分钟	相隔一周之后，快速活跃活动现场气氛、让护理人员尽快放开自己，和同学们更加熟悉了解	"交换名字" 1. 同学们和护理人员打乱顺序，围成一个圆圈坐着； 2. 围圆圈的时候，自己随即更换成右邻者的名字； 3. 以主持人指定的方式来决定顺序，然后按顺序来提出问题； 4. 当主持人问及"张三先生，你今天早上几点起床"时，真正的张三不可以回答，而必须由更换成张三的名字的人来回答； 5. 最后剩下的一个人就是胜利者	PPT
15 分钟	通过情景剧帮助护理人员懂得换个角度思考问题的重要性	情景剧（剧本见附件十一）	PPT
5 分钟		请护理人员谈谈对两种不同处理问题方法的感受	—
10 分钟	通过别人的视角发现自身的优势和闪光点，进一步认清自己的价值，增强对自身的认同感	"优点轰炸" 1. 向小组成员们分发纸片，让他们在纸上写下自己的名字； 2. 收回纸片，将顺序打乱后重新分发刚才的纸片； 3. 小组成员拿到其他护理人员的纸片后在上面写下对方的优点和印象深刻的地方	PPT
10 分钟	学会运用"优势视角"理论	收集护理人员对自己或老人不正确的认知，然后由同学展示用"优势视角"正确地认知	—
5 分钟	让组员表达对这次聚会的感受，通过组员的眼睛来发现活动过程中的不足	"你是我的眼" 采用自由发言的方式请组员简要表达参加这次活动的感受及对活动的意见或建议，社工负责记录； 社工说明这次活动的主旨是用优势视角看自己，发现自己和工作的闪光点	—

问题预估：

1. 由于间隔了一周，如果护理人员在开始的游戏环节不够积极，社工要尽量把气氛带动起来。

2. 为了避免年龄层在 40～50 岁的护理人员融入度不高，在歌曲拉锯战环节设定的关键词要贴近 20 世纪 80 年代、主旋律等。

附件十一：剧本大纲

"换个角度看自己"

人物：护工李姐、护工赵姐、孟姐、王姐、老人、旁白

一

（老人的房间里）

李姐：大妈，我来打扫房间。

老人：嗯，好好打扫。

（李姐打扫了一遍）

老人：哎哟喂，你扫的这叫什么地呀，真是的，这么点活都干不了。

李姐：这不是挺干净的吗？

老人：哪里干净啦，这里还有一颗瓜子皮呢，你没长眼睛呀！

李姐：大妈，你怎么能这么说话呢！我整天辛辛苦苦照顾你。

老人：照顾我，哼，说的高尚，你还不是为了挣钱。

李姐：大妈，你怎么这么说呢？我们也是……（偷偷抹泪，备感委屈）

老人：你还委屈，明明就是自己做得不对。你们每天过来不就是为了给我打扫卫生的吗？我都快死的人了，上厕所都困难，难道还要自己蹲下去捡垃圾？

李姐：您别这么说呀，我这不是没看见吗！

老人：别说了，干完了就出去吧，我这把老骨头自己静静得了。

二

（中午，李姐和几个护理员坐在一起吃饭。）

赵姐：李姐，这几天没见着你，刚来咱们院还做得惯吗？

李：别提了！我对福利院里生活的老人真是一点信心都没有。

王：怎么了？大妈找你茬儿了？

李：可不是吗！她自己的孩子工作忙不常来看她，她自己呢又觉得整天没啥事可做，气啊全往我身上发。今天就对我打扫的卫生鸡蛋里挑骨头。

赵：那你是怎么应对的？

李：我还能怎么应对？我不就是个打扫卫生的吗？她这么说我就这么听，反正做完我该做的能交差就行了。

王：哎！你是不知道，你那位周大妈呀，在咱们福利院里是出了名的难伺候，她退休前是高级干部，退下来之后生活上反差太大，就和家里人闹脾气，再加上她子女工作都忙，经常出差，就把她送过来了。

李：原来是这样。你看我一个初中文凭，怎么和一个老干部打交道呀？

赵：其实大妈可能只是想引起你的注意。

李：真的假的？对了，明天我孩子从老家过来看我，得找人代个班，你有空吗？

赵：我可以的，你放心回去吧。

李：太感谢了！

三

（第二天，赵姐微笑着走进老人房间打扫卫生。）

赵：周阿姨，早上好！我来给您打扫卫生了。

老人：你来干嘛？你们啊，打扫卫生都干不好。

赵：是啊！现在生活好了，家里卫生孩子用吸尘器都弄好了。

老人：我那两个孩子也经常捣鼓那些个新玩意儿。

赵：您有两个孩子啊，真幸福，肯定都很有出息吧。

老人：是啊，他俩从小学习就好，没怎么担心过。

赵：工作了之后他们压力也不小，您就理解他们不能常过来吧。

老人：我也知道，就是有时候管不住我这个脾气。

赵：（笑）那以后我就多来陪您聊聊天。

老人：（点头）先把地拖好吧。

赵：好嘞！

四

（中午，赵姐和几个护理员在一起吃饭，聊起上午照顾周阿姨的事。）

王：你今天早上干的怎么样？大妈又为难你了吧？

赵：一开始是有点抵触心理，但后来就好了。

孟：发生了什么？她不是对谁都没好气吗？

赵：尝试着去理解她就好了。而且，别总是很悲观地去想自己，其实我们现在是离他们最近的人，胜过他们的子女，应该用积极的态度去带动他们。

王：但这工作就是这样啊。

赵：我们现在退休了还在发挥余热，没有让孩子操心，这不就证明了我们的价值了？我们其实根本没什么好自卑的。

孟：你的意思就是多想想我们自己的优点，自信地面对他们是吗？

赵：对呀，这样的话你干起事情来就轻松多了！

王：听你这么一说，我好像真的忽略了自己的价值了。

第五节活动　让我们来了解你

日期及整节活动时间：2014年5月2日12：30—13：30

活动地点：福利院活动室

活动时间	目标	内容	所需物资
5分钟	回忆上节活动的内容，并介绍这次活动的主题与内容	"承上启下" 1. 新主持人以及社工小组自我介绍； 2. 对上节活动的内容做大致的回顾； 3. 对本周活动做简单介绍	话筒
15分钟	进一步拉近护理人员与社工之间的距离	"一元五角" 1. 护理人员价值是5角，小组成员是1元； 2. 主持人说出一个数目，组员依数自由组合，例如3元，就是4个护理人员与一个小组成员或两个护理人员与两个小组成员等； 3. 每次尽快说不同的数目，组员要迅速成组； 4. 入不到组的，就为大家表演个小节目	—
20分钟	通过互换角色的情景剧扮演，让护理人员认识到自己的工作是多么重要； 强化护理人员的专业技能，通过表演反观自己的日常表现，起到自省的功能； 进一步使护理人员认识到自身的价值，提升自信心	"角色互换" 调查出福利院护理人员与老人及其家属常出现的摩擦 1. 事先设计好几个日常护理中可能出现摩擦和矛盾的场景，作为扮演的背景； 2. 由护理员扮演福利院的老人或家属，社工扮演护理人员，演绎几个场景，由没有角色的护理员担任评审，看在扮演过程中社工有哪些做的不得体的地方，表演结束后加以点评 3. 播放PPT素材 （表演场景见附件十二）	PPT

续表

活动时间	目标	内容	所需物资
10分钟	信息交换，使护理人员得知自己的价值，以此提升自信心	"心得交流" 让参与表演的社工说出自己在表演中感受到的护理人员的不容易	PPT
10分钟	让组员表达对这次聚会的感受，通过组员的眼睛来发现活动过程中的不足	"你是我的眼" 采用自由发言的方式请组员简要表达参加这次活动的感受及对我们的意见或建议，社工负责记录； 社工说明这次活动的主旨是理解，学会换位思考	话筒

问题预估：

1. 让护理人员参与的环节要在第四次活动中与他们商量好，如果护理人员不愿意，要采取应急方案——原先护理人员的角色由社工接演，角色互换变为小剧场。

附件十二：角色互换场景

情境一

护理员：大妈，您今天已经打了三壶水了，我们福利院规定每人只能打两壶，您这样别的老人水就不够了。

大妈：一点水还这么抠门。

护理员：这不是抠门，这是制度。

大妈：什么制度，我可不懂。

情境二

护工：大爷，我明明给您吃过饭了，您为什么说我没给您吃？您看，饭粒还在衣服上呢。

大爷：你怎么这么说话，什么饭粒在衣服上，你是说我不讲卫生呀。

情境三

护理员：哟，大妈，您儿子给您买了这么多水果呀，您真是好福气。

大妈：是呀，他工作忙，但是每周都会来看我。您吃个香蕉不？

护理员：我不吃了，您留着吃，我先去忙了。

大妈：自己吃了一根。

（去上了个厕所，回来，数了数香蕉，觉得少了一根。）

（护理员进来）

大妈：小李，你是不是偷吃我香蕉了？

护理员：没有啊。

大妈：还说没有，我数的可清楚了，一共八根，我上了个厕所，就少了一根。不是你是谁？

护理员：大妈，您太冤枉人了，您刚才要给我我都没吃，怎么可能会偷吃呢？

大妈：你那是不好意思。

情境四

护理员：哎呀，我刚扫干净，您怎么又嗑瓜子了，再说您为什么不放在垃圾桶里？

大爷：垃圾桶离得远。

护理员：那您不会自己拿一下呀，总共没两步路您都懒得走。

情境五

护理员：大妈，时间不早了，赶紧睡觉吧。

大妈：小李，我睡不着，您陪我聊会儿天吧。

护理员：大妈，这不行，我太累了，一天忙得要死要活，不像您，成天歇着。您要是睡不着就看会儿电视、报纸什么的，我去睡了。

第六节活动　微笑每一天

日期及整节活动时间：2014年5月9日 12：30—13：30

活动地点：福利院活动室

活动时间	目标	内容	所需物资
10分钟	感谢护理人员的配合，简单概括本次活动的主要内容并强调本次活动是最后一次活动，使每一个护理人员有心理准备，珍惜难得一聚的时光，更积极地融入活动中	主持人开场白 具体内容：回顾前五次活动的内容及活动中的精彩瞬间，总结前五次活动所取得的成果	1. PPT 2. 背景音乐

续表

活动时间	目标	内容	所需物资
15 分钟	鼓励护理人员之间互相帮助，建立支持网络，鼓励他们在遇到问题时积极寻求社工的帮助	1. 人在情境中：引导护理人员说出自己在社会中的角色，如妈妈、女儿、妻子、消费者等； 2. 总结前几次活动的价值观，强调价值观的作用，让护理人员将其贯彻入自己的生活	—
20 分钟	回顾历程，分享感受与体会	1. 播放视频，让护理人员重温小组内容； 2. 邀请护理人员一一上来分享他们参与小组的感受和收获，并且表达一下对这份工作的新感受，以及对小组成员提出的一些建议，请他们将最想说的话写在贴纸上，再请同学代表读一下	1. 前期视频制作留言板； 2. 贴纸； 3. 信
15 分钟	总结本次小组活动，缓解护理员离别情绪，结束本次活动	1. 小组成员一一发表结束感言，对整个活动进行总结； 2. 对护理人员的表现给予肯定和赞扬，送上合影，当场在照片上写祝福，以示鼓励和感谢； 3. 活动评估（问卷见附件十三）	1. 照片； 2. 笔； 3. 评估问卷

附件十三：评估问卷

1. 请就下面每一项进行评价，并请在相应的分数上打"√"

活动内容	非常满意	满意	一般	不满意
1. 此次活动内容对我的工作和生活有很大的帮助				
2. 此次活动增加了我的自信心				
3. 此次活动内容简单且丰富，便于参与				
4. 此次活动内容有较大的适用性和实用性				

主持人	非常满意	满意	一般	不满意
1. 主持人表达清楚，态度友善				
2. 主持人对活动内容有独到的见解，准备工作充分				
3. 主持人能够掌握现场气氛				
4. 主持人讲的内容容易理解				

2. 参加此次活动您的收获有（可多选）

A. 获得了新的技巧和知识

B. 对自己的工作有了一个新的认识

C. 结交了新朋友

D. 有了释放压力的机会，心情舒缓了很多

E. 没有任何收获

F. 获得自信，感受到尊重

G. 其他＿＿＿＿＿＿＿＿

3. 您对此次活动或者主持人有何建议和意见？

4. 您认为我们的活动有哪些可以改进的地方？

七　所需资源

纸和笔、契约树、评估表：15元。

合影：25元。

花茶和茶杯：25元。

小零食：50元。

礼物：200元。

海报：50元。

八　应变计划

预计困难	应付方法
活动刚开始护理人员的参与度不高	社工带动参与或者小礼品奖励参与
护理人员跟不上进度	放缓整个活动的进程，保证护理人员的及时参与；多多给予鼓励和支持，增加彼此间的互动和交流
组员会出现一些负面情绪	社工简单疏导，如果仍然存在负面情绪，寻求福利院和老师的干预
角色互换环节护理人员可能拒绝参与	积极鼓励护理人员参与，如果依旧不行则改变活动计划，由社工扮演角色，护理人员点评

九 评估方法

1. 在小组活动最后一节时，组员完成评估问卷，比较活动前后的转变和改善。
2. 小组成员分享自己参加活动的感受以及对整个活动的意见。
3. 依据小组成员的出勤率和参与率对这次活动的效果做出评估。
4. 透过与组员的倾谈来知道他们对小组的感受及意见。
5. 依据社工在这个活动中对小组成员的观察做出主观评估。

案例评析

本次小组活动策划及实施的优点是：第一，小组成员都是自理区的养老护理人员，面临不自信、工作压力大、职业倦怠、生活单调等共同问题，组员之间具有一定的同质性；第二，活动方案策划基于需求评估，并根据过程评估进行了动态调整，方案本身富有弹性；第三，活动方案围绕同理心（共情）、接纳、个别化等方面对护理人员进行社会工作价值观导入，并采用护理员乐于接受的形式——情景剧进行演绎，成效较好；第四，在活动实施过程中，小组过程节奏快慢适中，小组活动采用护理人员参与式的动态形式，较大限度地调动了护理人员的积极性。从规范上看，小组活动策划和开展过程仍然有不足之处：第一，小组活动的规范流于形式，没有成为组员共同遵守的契约；第二，具体活动规则不明晰，由于理解的差异，活动操作起来略显混乱；第三，未能充分利用小组自身的动力；第四，小组结束后缺乏必要的跟进服务。

"七色花"护理员小组

指导与评析：张祥晶　郑　蓉
工作人员：李晓涵　沈思光　游　越　王　敏
　　　　　诸晓岚　钟素芳　郑茹予　沈　菲
　　　　　张卿荣　王　旭　应维君
实施机构：杭州师范大学社会学系

一　小组名称和性质

小组名称："七色花"护理员小组

小组性质：发展性小组

二　小组背景

在老龄化现象越来越严重的现实背景下，机构养老作为三大养老模式之一，已经在社会上占据很重要的地位，发挥巨大的社会作用；护理员作为养老机构的重要工作人员，他们的职业态度和工作能力是影响护理工作质量的重要因素。开展护理员的小组工作，丰富护理员的生活并形成正确的职业认知，对于提升老年人护理工作水平有重要意义。

三 小组理论支持

1. 系统理论：设计小组活动方案时，要考虑整体活动目标，使前后每一次活动都有内在的意义联系。

2. 社会支持理论：充分发掘小组成员自身的个人资源，发挥成员彼此之间的工具支持和表达支持。

3. "家庭"思维：在为老人服务时，要注重老人社会系统的维护和链接，护理工作人员是密切机构与老人关系的社会系统之一，提升老人的生活品质，必须重视系统自身的增能，以及老人与系统之间关系的改善。

四 小组目标

1. 帮助护理员形成正确职业认知，增强护理员的职业认同感。

2. 提升护理员应对老人生理、心理和社会发展变化的技巧和技能，增强为老人服务的能力。

3. 扩大护理员的交往圈，增进他们的人际交往能力，丰富他们的生活。

4. 引导他们发展关爱自身的意识，提升应对问题能力，协助他们增强与家人的连结。

五 组员招募

面向杭州市第二社会福利院全体护理员公开招募，主要形式有：在院内张贴宣传招募海报；请社会工作服务中心的工作人员协助宣传；向养老护理员发出邀请。再根据护理员的工作年限、工作性质、兴趣爱好等确定8~12位养老护理员为小组成员。

六　小组活动的时间和地点

1. 时间：2012年3月至5月，每两周开展一次活动，每次活动1小时（12：30—13：30），共6节活动。

2. 地点：杭州市第二福利院2号楼一楼会议室。

七　评估方法

1. 过程评估：每次活动之后，对本次活动的目标达成情况进行反思，并对下一次活动方案进行修改和完善。

2. 目标评估：通过问卷来调查护理员对全部6次活动的感受、收获和意见，调查是否基本达到预期目标，以及提出对下一阶段活动的意见；小组成员在每次活动结束后反思此次活动的成功和失败之处，以便更好地改进下一阶段的活动。

八　所需物质

参见"小组活动议程"。

九　小组活动议程

第一节活动　七色花之一：初绽

日期及整节活动时间：2012年3月14日12：00—13：00

活动时间	目标	内容	注意事项
开场前5分钟	—	暖场音乐	音乐的选取不要太主观，要考虑到护理人员的喜好，比如舒缓的歌曲或者轻音乐
10分钟	介绍团队及总体项目安排	1. 主持人自我介绍； 2. 介绍团队：七色花； 3. 简单介绍七色花的故事，重点点出珍妮有着爱人的心及帮助人的欲望，和在座的粉衣天使姐姐是一样的； 4. 介绍6次活动的大致安排； 5. 启动仪式：点亮一种颜色（6次活动每次一种颜色，最后的一种颜色就是他们自身）	"点亮"的形式：视频或者PPT； 6次活动PPT的风格要统一，每次选取一种颜色

续表

活动时间	目标	内容	注意事项
5分钟	规范组员关系，制定契约	PPT放置模板和小组契约可选择方向，引导护理人员按顺序说出自己心目中的契约，并在后期整理	时间的控制和有效信息的抓取
15分钟	1. 突破思维定式，打破常规； 2. 护理员彼此熟悉，也让我们熟悉护理员； 3. 增强趣味性	1. 所有的成员围成一个圈，右手做四指握拳，拇指向上状，作为"懒虫"，四指和拇指成90度（"棒"的手势），左手握空心拳，宛如杯状，最后每个人将"懒虫"放入左边的"杯"中； 2. 主持人开始讲"阿水的故事"，当队员听到主持人讲"水"的时候，"杯"又尽力抓到别人的"懒虫"，同时也要尽力使自己的"懒虫"从别人的"杯"里逃出； 3. 被抓到的人开始做自我介绍，直到"阿水的故事"讲完，游戏结束	1. 若有人重复被抓，则由其指定人来做自我介绍； 2. 为了活跃气氛，本班同学也可适当加入； 3. 故事结束后，没被介绍到的人，按顺序介绍
20分钟	1. 表现护理员的生活； 2. 在生活场景中穿插和护理员自身相关的小知识，如更年期表现或健康膳食等	情景剧表演	—
10	1. 组员间的交流； 2. 验收活动结果； 3. 为下面的活动提供修正方向	分享感受，为下面的活动做好铺垫，并简单放映当日照片作为背景	—

第二节活动　七色花之橙——掌声响起来

日期及整节活动时间：2012年3月28日13：00—14：00

活动时间	目标	内容	注意事项
5分钟	承上启下，引出话题	1. 开场前播放第一节活动照片； 2. 主持人开场，首先对上一节内容进行简短回顾	1. 暖场音乐的选择要温馨、励志； 2. 开场后应尽快切入出题，切勿拖沓

续表

活动时间	目标	内容	注意事项
10分钟	通过模拟情景剧引出话题	职业困境再现（情景剧）由小组工作人员对护理员平时会遇到的一些困境（职业认同方面的）进行情境模拟	要求情景剧有较强的趣味性，能引发护理员的共鸣
25分钟	结合情景剧，引导大家进行职业感谢的交流	我是护理员，我想说 1. 主持人说明此小节活动内容，尤其要强调强化物"毛线圈"的使用； 2. 通过"毛线圈"的传递，护理员分享自己的职业感受（每人预计大概一分半钟）	一个护理员周围会有一名工作人员负责必要时的引导
15分钟	进一步强化护理员的职业认同感	感动你我 1. 通过视频向护理员介绍与他们职业相关的南丁格尔奖及一位护理员的感人事迹； 2. 引导护理员在观看后对自己的职业进行职业优点轰炸	1. 视频材料的选择要有针对性，事迹真实感人，富有感染力； 2. 对职业优点轰炸时，可能会出现冷场，工作人员要进行及时引导
5分钟	升化职业认同感	总结 1. 播放事先准备好的视频（"我们需要你"）； 2. 主持人总结并告知下一次活动内容	1. 视频于第一次活动当天空余时间拍摄； 2. 视频对象为老人及其家属、机构等，主要突出护理人员对他们的重要性

备选游戏（与情景剧二选一）：

生命的价值

道具：细绳若干，细绳长度大约40寸长，剪刀。

操作说明：

1. 主持人开场：绳子的长度象征一个人的寿命，1寸代表1年，正常人1~20岁和60~80岁都无法工作，人的一生真正能用于工作的可能只有40年的时间，让我们看看我们的时间是如何分配的。

2. 表1是一个正常人的时间账目表，通过计算可以发现一个人真正的工作时间只有3.3年。

表1　正常人的时间账目状况

项目	每天耗时	40年耗时	结余
睡眠	8小时	13.3年	26.7年
一日三餐	2.5小时	4.2年	22.5年
交通	1.5小时	2.5年	20年
电话	1小时	1.7年	18.3年
看电视	3小时	5年	13.3年
看报、聊天	3小时	5年	8.3年
刷牙、洗脸、洗澡	1小时	1.7年	6.6年
休假、白日梦、闹情绪、身体不适	2小时	3.3年	3.3年

3. 主持人可以根据表1，引导护理员每发生一个项目，就将原来的细绳剪掉相对应的长度；也可以准备绳子让护理员自己剪，这样护理员的感触会更深。

引出一个话题：我们只有约3年的时间去创造价值，我们生命的价值何在？

第三节活动　爱自己

日期及整节活动时间：2012年4月11日12：00—13：00

活动时间	目标	内容	注意事项
5分钟	熟悉上一次的活动内容，让护理员放松心情进入本次活动	回顾：PPT上放上一次活动的照片； 开场白：本次的目的	照片顾及每个人，放舒缓的开场音乐
10分钟	热身游戏为大家一起来参与的活动，没有输赢之分，让护理员在轻松的氛围中体验别人为其服务的愉悦	热身游戏：护理员与社工排成一排（共20人），后一个人帮前一个人按摩，以此类推，每人30秒，最后一个人到最前面，以此类推	注意时间的控制，背景音乐
20分钟	通过指导语帮助护理员放松心情，训练他们在日常生活中利用我们教授的方法放松工作、家庭带来的紧张心情； 增进护理员之间的感情交流，输入正面情绪引导	1. 呼吸放松练习； 2. 练习后各位护理员简单谈一下自己的感受	阅读指导语时放慢语速；语言要通俗易懂；注意选择轻缓的背景音乐

续表

活动时间	目标	内容	注意事项
20分钟	让护理员了解与自身相关的社会保障项目，使他们对未来的生活更有信心	前期准备资料手册，讲述与护理员自身有关的养老金、医疗保险之类的社会保障项目	全组每个成员都需要提前了解相关方面的知识；资料整理成册，打印出来，每人一份
5分钟	通过老人的话语增进护理员对职业的认同感，让他们感受到该职业带来的社会责任感和荣誉感，切实地让护理员体会到该职业在社会生活中起到的巨大作用	播放感谢视频（在第一次活动时，就在福利院里开始寻找视频素材，找2~3个老人，表达自己对护理员的看法，然后收集各个老人感谢的话语，剪辑成视频，放给护理员看）	视频前期拍摄和后期剪辑，如果老人数量不够，尝试在大街上向路人求助

第四节活动 放松的我

日期及整节活动时间：2012年5月2日 12：00—13：00

活动时间	目标	内容	注意事项
5分钟	重温上一次活动	回顾：PPT上放上一次活动的照片；开场白：本次的目的	照片顾及每个人，放舒缓的开场音乐
10分钟	活跃气氛，让大家更好地进行接下来的主题活动	热身游戏——拍七令 社工和护理员一起从1到99报数，凡是到7的倍数的人不能报数，对下一个人微笑，出错的人表演节目	注意时间的控制
20分钟	通过活动给予护理员一些情绪控制的方法，减少他们的情绪困扰	鼓励护理员积极发言，谈谈自己在护理老人的过程中所遇到的因老人的交流障碍而导致情绪不好的事情，由社工讲解老人这一阶段的一些正常生理状况	社工提前准备好关于老人生理状况的资料
20分钟	通过活动帮助护理员正确地面对老人的死亡	护理员面对的老人大多是或病、或残，随时可能离去，亲眼看见老人离去，对护理员来说是一个心理冲击，需倾听护理员在这方面的真实感受，讲述相关知识	顾及护理员的情绪，注意语言表达
5分钟	了解社工与护理员交流对本次活动的看法	社工与护理员交流、倾听他们对活动的看法以及对下次活动的期望	认真倾听每位护理员的意见

第五节活动 礼仪对对碰

日期及整节活动时间：2012年5月9日12：00—13：00

活动时间	目标	内容	注意事项
5分钟	工作人员简单自我介绍，与组员认识，在简短回顾上次活动后，进行本次活动，同时，通过热身游戏进行暖场	1. 点击七色花中的绿色花瓣，开始行程，工作员自我介绍（姓名及在组中的角色等） 2. 破冰游戏——对对碰 目的：合作、沟通 音乐：兔子舞音乐 内容： （1）众人围坐一个大圈，留一张空椅； （2）音乐开始，坐在空椅左右边的两个人，要立刻起身去拉一个人坐在那把空椅上； （3）被带走的人留下空位，两旁的人就要起身拉人； （4）音乐停止，还在走着的人便算输	照片顾及每个人；放舒缓的开场音乐（破冰游戏放兔子舞音乐）
35分钟（时间不定，没有时间了，就进行总结；有时间，就进行知识补充）	通过情境模拟，学习护理老人的礼仪技巧，与老人建立良好关系，以便进行更好的沟通，同时，掌握急救技巧	名称：情境模拟（60秒不NG） 目的：学习护理老人的技巧（急救、生活护理、沟通礼仪） 内容：护理员分成两组后，老人由工作人员扮演；两组人员模拟不同情境，如一组照顾老人起床到中午，中间有中风的突发情况；另一组模拟照顾老人从中午到晚上，中间有老人失禁情况；在模拟过程中，不能NG，否则从头再表演；一组模拟结束后，有自评和他评，最后由主持人总结	解释NG的意思；自然分组；鼓励护理员站出来，改"变动"为"主动"；前期情境主持人要准备充分
15分钟	进一步掌握护理员考级技巧	1. 由较高级人的护理员分享考级经验； 2. 主持人做相关补充，如学习的相关网站	语言要通俗易懂；注意护理人员之间的语言交流
5分钟	回顾本次活动	对本次活动进行总结	全组每个成员都需要提前了解相关方面的知识；资料整理成册，为每人打印一份

备用小游戏:"香蕉运动"

目的:合作默契。

时间:10 分钟。

材料:香蕉数只,绳。

内容:

1. 两人一组,并将两人的左腕绑住。

2. 让每组左手拿着香蕉,然后叫开始,让他们合作用右手一同剥去香蕉皮并快速地把香蕉吃掉。

3. 哪一组最快就是胜利。

第六节活动　明天会更好

日期及整节活动时间:2012 年 4 月 11 日,11:00—13:00

主持人:游　越　赵雪婷　晓　岚

摄　影:郑茹予

拍　照:沈　菲

目　的:让护理员铭记这几次活动,增强他们的职业归属感。

活动时间	目标	内容	注意事项
10 分钟	回顾以往几次活动的过程	回顾:PPT 回放每一次活动的场景和事件	照片顾及每个人,放舒缓的开场音乐
20 分钟	带动场上气氛,提高大家的参与积极性	工作人员和组员一起跳《最炫民族风》	注意时间的控制,拍照的人要注意全程记录
15 分钟	回顾历程,分享感受与体会	让护理员分别上来讲述他们在活动中的感受和体会,并表达对这份工作的感受	准备好小吃以及护理员工作的宣传册
10 分钟	大家合影留念,互相鼓励,最后联欢	由组员教护理员唱《相亲相爱一家人》,大家一起唱,同时录制视频,给护理员做纪念	拍摄视频,准备歌词,合影
5 分钟	通过有针对性的问卷调查,了解护理员在此次系列活动中的收获,对类似的活动提出改进意见	让护理员做简单的活动评估调查,题目在 10 个左右,小组成员指导调查	注意问卷题目的设计,语言通俗,题目不要过多

案例评析

本次活动策划的优点是：第一，小组工作活动设计前期的需求评估相对充分，根据过程评估对活动方案进行了调整，使方案的目的性更强；第二，根据小组的总目标设定每节活动，围绕职业认同、自我减压、人际互动等主题展开，更年期知识的讨论深受护理员的欢迎；第三，活动设计包括个体保健、工作技能、人际关系等各个方面，逻辑性强；第四，具体活动上，自制的"感谢"和"我们需要您"视频，以及情景剧的演绎，在护理员中产生了强烈的震撼。从规范上看小组活动策划和开展过程中仍然有不足之处：第一是活动策划及实施过程中，工作者均处于主导位置，服务对象（护理员）参与主动性较弱；第二是小组发展的阶段性过程不明晰，没有很好地利用小组动力；第三是后期跟进服务不足。

"夕阳天使"新进护理人员适应性小组

指导与评析：郑 蓉　张祥晶
工 作 人 员：汪施媛　魏洁如　瓮翰清　段学红
　　　　　　许洪文　何思慧　陈静雯　胡梁敏
　　　　　　张蔚羚　周栩伊　王 芳　罗 蒙
　　　　　　唐代吉　徐国烟
实 施 机 构：杭州师范大学社会学系

一 小组背景

随着我国社会主义建设的发展与进步，人民的生活水平和质量大大提升。我国是世界上的人口大国，随着老龄人口的急剧增加，面临极大的老龄人口压力。当前社会，物质生活和精神生活水平不断提高，思想观念不断更新，老年人群对养老服务质量的要求越来越高，因而福利机构也开始受到社会大众的高度关注。在这样的背景下，对福利机构护理人员这一特殊而平凡的人员的需求及要求也随之提升。然而，如今的众多养老机构，尤其是社会福利养老机构的专业化养老护理人才缺口巨大，护理队伍不稳定，人员流失严重。同时，护理人员这个特殊的人群，社会地位不高，工资偏低，学历不高，工作压力重，情绪难以管理。尤其是刚入院的护理人员，面对人生地不熟的工作环境，一方面，面临尽快融入工作和熟悉环境的压力；另一方面，又面临自身心理对于工作认同感和归属感的怀疑。这种身心两方面的困境可能造成的不利后果，无论是对护理人员自身，还是对养老机构来说都是极为不利的。

同样，杭州市第二社会福利院刚入院工作不久的护理人员，也面临身心上不同的压力和困惑。为了帮助他们更好地适应全新的工作环境，提高自我的职业认同感和归属感，同时帮助福利院长时间地留住优秀员工。小组在对他们进行一定的需求评估后，针对他们的需求，运用小组工作的方式以及相关理念，制订了以下具体可行的计划，以达成双方的共同目标，以期获得一个较为圆满的结果。

二 小组理论架构

（一）小组动力学理论

小组动力学理论的基本观点有：第一，小组一旦产生就会形成一个心理场域，组员进入小组就进入一个由自身、不同的力量和变量组成的心理场域中，个人和这种心理场域相互作用和影响，小组动力由此形成；第二，小组工作的核心任务之一是催化凝聚力的产生和提高，凝聚力的形成必须以成员积极互动和开展的共同生活为中介；第三，小组动力的主要因素包括输入因素（成员特性、小组特性、领导者）、过程因素（沟通方式和内容、领导者素质和领导方式技巧）和输出因素（成员的改变、小组的进展和机构的发展）。

根据小组动力学理论，将要开展的护理人员适应性小组是一个由各个组员的互动所形成的心理场域，所有小组活动的设计和开展均致力于提高适应性、凝聚力，提升动力，小组成员的改变和小组的进展均取决于小组动力的引导和培育。

（二）社会学习理论

社会学习理论建立在行为主义理论基础之上，不仅强调人类行为的习得性，即教育和环境的重要性，还强调人的行为、思想、情感反应方式和行为既受直接经验影响，又受间接经验影响；行为与环境具有交互作用；观察和模仿学习是学习的重要过程，个人的认知在学习中发挥着重要作用。

我们拟开展的护理人员适应性小组就是一个进行社会学习的重要场所。在这里，每个护理员都是一个资源库，大家通过分析各自的想法、经验和感受相互学习，通过学习别人的经验推动自己的成长进步；小组还可以提供丰富的替代强化的资源，护理员在小组中不仅可以观察到各种各样的行为，还可以看到这些行为的后果，护理员间分享的经历和经验材料可以为其他成员提供学习的榜样或者前车之鉴，充分发挥替代强化的作用。护理员在小组中可以通过积极的社会学习获得改变，并开发自身成长的潜能。

（三）马斯洛需要层次说

马斯洛把人的需要划分为五个层次：生理的需要、安全的需要、社交的需要（友爱和归属的需要）、尊重的需要、自我实现的需要。一般来说，人某一层次的需要相对满足了，就会向高一层次的需要发展，追求更高一层次的需要就成为驱使行为的动力，获得基本满足的需要就不再是一股激励力量。由于护理员初来福利院工作，工资能保证基本生理需要，他们所缺的是尽快适应福利院生活，提高对自身工作的认同度和团队归属感等较高层的需要，即这些护理员对"社交的需要（友爱和归属的需要）、尊重的需要"最为需求。

社交的需要也叫友爱和归属的需要，是指个人渴望得到家庭、团体、朋友、同事的关怀、爱护、理解，是对友情、信任、温暖、爱情的需要。社交的需要与个人性格、经历、生活区域、民族、生活习惯、宗教信仰等都有关系，这种需要是难以察觉且无法度量的。尊重的需要可分为自尊、他尊和权力欲三类，包括自我尊重、自我评价以及尊重别人。尊重的需要很少能够得到完全的满足，但基本上的满足就可产生推动力。

根据马斯洛需要层次说，我们将会在小组中开展心理疏导、情感交流、职业认同与角色定位等活动，使组员满足情感需求，增强其对团体、福利院的归属感，同时也使他们能够接纳、尊重自己以及别人的工作，使新入院护理员更好地适应工作环境。

基于以上理论，我们开设的福利院护理员适应性小组遵循互惠模式的原则，采用民主的组织方式和开放的沟通方式，引导成员在小组互动中平等地表达自己的观点和分享各自的经验，致力于在互相学习和交流中不断提升小组动力、促进个人成长、提升职业认同、提高对小组及福利院大环境的归属感，使组员能更好地在自己的岗位上工作。小组活动形式主要有小组讨论、小组分享、视频播放、小组游戏等，设计的主题活动尽量照顾护理员需求且利于开放沟通氛围的形成。

三 小组目标及目的

（一）目标

帮助新进福利院的护理员更好、更快地适应福利院工作和生活，希望能通过活动使他们更加深入地了解自己、工作环境和生活的城市，提升他们的职业认同感，更好地实现自己的人生价值。

（二）目的

1. 使组员能够有机会学到正确的护理技巧和情绪管理方式，提高护理员的素质，树立正确的老人观，更好地为福利院的老人服务。

2. 让组员在活动中了解更多杭州市第二福利院的历史、基础设施和工作机制，并且熟悉杭州市第二福利院周边的环境。

3. 让组员间建立起亲密关系，使他们在活动以外的时间也可以自发地沟通交流，并且鼓励他们结识更多的新朋友，更好地进行自我发展。

4. 提高新进护理员对职业的认同感和自我价值感，调动其工作积极性，增强其责任感。

5. 帮助福利院留住热爱护理工作且有能力的护理员，提高福利院的整体的服务水平和质量。

四　组员招募

1. 对象：杭州市第二福利院的新进护理员和经验丰富的护理员。

2. 招募形式：面向杭州市第二社会福利院全体养老护理员公开招募，主要形式有：在院内张贴宣传招募海报；请社会工作服务中心的工作人员协助宣传；向护理员发出邀请。刚刚进福利院的 7 位护理员和护理经验丰富的 3 位护理员成为小组成员。

3. 组员特征：

（1）新进护理员对杭州市第二福利院的工作还不能适应，工作还不能顺利上手，心理上存在一定的压力，需要有人对其工作和心理压力做出正确的引导。

（2）希望了解和提升自身的职业价值及职业素养，更好地服务老人。

五　小组特征

1. 性质：适应性小组。

2. 节数：6 节。

3. 日期：2013 年 3 月至 6 月。

4. 时间：每周三 12：30—13：30，每三周之后开展一次反思活动。

5. 参与人数：10 人。

6. 活动地点：杭州市第二福利院的活动室（以下简称"福利院活动室"）。

六　程序计划及日程安排

节数	主题	日程
第一节	嗨，你好	3 月 27 日
第二节	走进沟通，你我一家人	4 月 10 日
第三节	乐活杭州	4 月 24 日
第四节	我是护工，我骄傲	5 月 8 日
第五节	Hold 住情绪	5 月 22 日
第六节	温情传递，你我同在	6 月 5 日

七　每节活动计划

第一节活动　嗨，你好

日期及整节活动时间：2013 年 3 月 27 日 12：30—13：30

活动地点：福利院活动室

活动时间	目标	内容	所需物资
10 分钟	活跃气氛	1. 开组：组长宣布开组，小组背景介绍和自我介绍； 2. 破冰游戏——桃花朵朵开 所有人围成一个圈，向左或右走，主持人说"桃花朵朵开"，队员问"开几朵"，主持人突然报出一个数字，队员须按数字几个人抱在一起	—
10 分钟	相互认识，使彼此间有初步的了解	两两认识派对：两个人为一组相互熟悉之后介绍对方（尽可能多地介绍对方的兴趣及对对方的印象等）	—
15 分钟	签订"小组契约"，订立小组规范；引导组员自己决定契约内容，培养组员的"主人翁"意识，增强组员对小组的认同感和归属感	1. 组长介绍小组的整体活动安排和基本程序等与小组相关的内容，组员可提出疑问，由组长澄清； 2. 制作小组"契约树"： （1）以 PPT 的形式展示事先准备的"小组契约"内容，由组员一起讨论决定契约的最终内容， （2）组员一起在"契约树"上写下契约内容，并在空白处写下自己的期望，或者自己通过小组活动希望得到的提升	电脑、投影、笔若干、事先制作好的"契约树"
15 分钟	帮助组员熟悉杭州方言，在一定程度上减少工作困难	杭州方言学习：事先邀请一位熟悉杭州方言的护理员，教组员一些较为日常的、在照顾老人中经常遇到的杭州方言	—
10 分钟	加深组员之间的熟悉度，培养默契	心心相印 两个人一组（一名工作人员与一名小组成员），背夹气球，将气球运到终点（在过程中，双手不能碰到气球）；分两队，一队 5 人，进行接力，先完成接力的获胜	气球若干

附1 杭州方言学习内容

1. 再见 谢谢 对不起
2. 早上 中午 晚上
3. 下雨 晴天
4. 请别急
5. 吃饭 喝水 上厕所
6. 有哪里需要帮助的？
7. 我马上就来。
8. 请您测一下体温。
9. 您如果有什么事，可随时来找我。
10. 早上好！我给您整理床铺可以吗？您能不能下床？
11. 您好点了吗？
12. 有哪里觉得不舒服的吗？
13. 您躺在床上也不要紧，我帮您整理一下，您会舒服点。
14. 您早点休息。
15. 我现在帮您洗澡，可以吗？
16. 您午餐想吃些什么？

第二节活动 走进沟通，你我一家人

日期及整节活动时间：2013年4月10日12：30—13：35

活动地点：福利院活动室

活动时间	目标	内容	所需物资
5分钟	开场，活跃气氛	开场介绍本次活动 破冰游戏——"大风吹"。	志愿者4名
10分钟	让护理员意识到中国目前老龄化现状，并让他们了解护工在老年养老中的重要性	通过PPT的展示，以图文并茂的方式，讲解老龄化在我国的现状，并谈一谈对老人生活中某些活动或者行为的看法	PPT
5分钟	通过游戏的方式，发现沟通不当会引起不必要的问题，从而意识到沟通的重要性	游戏——以讹传讹 1. 志愿者和护理员随机分组，每组5名护理员，2名志愿者； 2. 对第一个人说一些话，让第一个人通过动作把这句话传到后一名组员，再一直传到最后一名组员，让最后一名组员说出这句话	志愿者2名

续表

活动时间	目标	内容	所需物资
20 分钟	通过表演的方式，发现护理员与老人在交流过程中的问题，并找到促进护工和老人沟通的方法	根据已拟定的老人与护理员的交流场景，进行角色扮演：志愿者和护理员分别按 1~5 报数并分组，数字相同的 4 人为一组，共分 5 组，每组一人扮演护工，一人扮演老人，其间由各自小组两名志愿者帮忙引导	道具若干，志愿者4名
5 分钟	通过讨论了解双方的想法，为以后更好地开展工作做好铺垫	4 人小组讨论：根据角色扮演，阐述自己的体会，由志愿者引导讨论	志愿者10名
10 分钟		护理员互评角色扮演，并谈谈如果是自己将如何处理被评论者的困难	—
5 分钟	结束并总结本次活动	通过 PPT 展示，总结与老人交流沟通的小技巧和小知识	PPT

附 2：角色扮演题目

1. 王奶奶的家人很久都没有来看她，她很想儿女，可就是不说，把这种情绪转化为处处刁难护理员，护理员该怎么做？

2. 陈阿姨是王奶奶的护理员，王奶奶在养老院是出了名的难照顾。一天，王奶奶把陈阿姨叫了过来，很生气地说陈阿姨洗的衣服不干净，打扫卫生马虎。这时候，陈阿姨应该怎么做？

3. 吴阿姨今年刚刚来养老院工作，被分配照顾赵爷爷夫妇，原来照顾赵爷爷夫妇的护理员因为个人原因辞职了，两位老人家很舍不得，经常拿吴阿姨和原来的护理员比较，对吴阿姨也是百般挑剔，这时候，吴阿姨应该怎么做？

4. 张奶奶不是非常情愿地住进了福利院，她对福利院的护理员总是百般挑剔，一天到晚咒骂孩子没有良心，整天郁郁寡欢，这时护理员该怎么做？

5. 李爷爷失去老伴不久，虽然来养老院也有段时间了，但是不怎么合群，性格比较孤僻，这时候，护理员应该怎么做？

第三节活动 乐活杭州

日期及整节活动时间：2013年4月24日 12：30—13：30

活动地点：福利院活动室

活动时间	目标	内容	所需物资
15分钟	活跃气氛	热身游戏——你来比画我来猜 按第一次的分组，每组一名工作人员来比画，其他工作人员一起猜，猜的少的组护理员表演节目	PPT
15分钟	1. 了解更年期的生理知识，养成良好的生活方式，健康度过更年期； 2. 了解在杭州的一些知识	1. 健康小知识：中年女性的常见问题（护理员了解更年期的症状和应对方法也有利于他们健康快乐地生活，所以与"乐活"应该也是有关系的） 2. 准备在第一次和第二次活动后了解护理员的需求，即护理员最想知道杭州哪方面的情况，再进行活动	PPT
12分钟	给新护理员提供更多的杭州生活信息，使其更好地适应在杭州的生活	生活小贴士： 1. 杭州好医院和科室的推荐； 2. 乐活杭州，让老护理员介绍几个比较便宜的市场，让新护理员工作之余去逛逛，买生活用品等	PPT
8分钟	解惑	提问环节	—
10分钟	评估并分享这次活动的意义，介绍下次活动的内容	邀请组员发表自己对这次聚会的感受，并简单介绍下次活动的安排	PPT

第四节活动 我是护工，我骄傲

日期及整节活动时间：2013年5月8日 12：30—13：35

活动地点：福利院活动室

活动时间	目标	内容	所需物资
5分钟	破冰	开场白，介绍本次主题； 游戏——"千手解扣"。	—

续表

活动时间	目标	内容	所需物资
10 分钟	通过彼此交流分享，得出外界以及护理员自身对这一职业的职业认同现况	通过"击鼓传花"的形式，让护理员（主要是老护理员）具体谈谈身边的人如何看待这一职业，以及自己对这一职业的看法	鼓、假花1支
10 分钟	通过 PPT 展示，让护理员对自身的职业价值有初步的认识	播放自制 PPT（内容主要是假如没有护理员，情况将会怎么样；假如拥有护理员，世界又会怎样）	PPT
10 分钟	通过具体情境，加深护理员对自身身份的认同	分享一段视频，组员（新护理员占主导）就视频内容谈谈自己的感受	视频
5 分钟	中场小游戏，带动大家的积极性，活跃气氛	抢答，以前学习过的方言做成纸签，随机抽选，组员抢答，回答正确率高的赠送小礼品	方言纸签若干，小礼品若干
15 分钟	通过客观地看待别人的工作以及分享各组员的感受，让他们学会处理自己在工作时遇到的问题，使她们能够坚守自己的岗位	1. 观看 PPT（内容是长城清洁工老常的故事，最后提出问题：如果你是老常，你将会怎么做？） 2. 组员在纸上画出自己的"心情"图片，然后写出自己答案及感受（方式：匿名） 3. 将各组员的纸收集起来，选出一两名组员，让他们大声念出所有人写的答案	带有简笔表情图片的纸，铅笔，PPT
10 分钟	方言教学并总结活动	向组员教授一些新的方言和总结小组活动	—

附3：视频要求

1. 视频长短控制在 10 分钟左右。

2. 视频内容：

（1）一段福利院元老级护理员护理老人时的工作视频。

（2）福利院老人想对护理员说的话。

（3）福利院管理人员对护理员的认知及勉励的话。

第五节活动 Hold 住情绪

日期及整节活动时间：2013 年 5 月 22 日 12：30—13：30

活动地点：福利院活动室

活动时间	目标	内容	所需物资
5 分钟	带领护理员回忆上节活动的内容，并介绍这次活动的主题与内容	1. 对上节活动的内容做大致的回顾； 2. 主持人自我介绍	话筒
10 分钟	通过情境的模拟，让护理员分析视频中的问题并以此提出解决办法，通过妥善与欠妥善的视频对比，帮助他们更好地解决此类问题	1. 播放事先拍好的视频，内容包括护理工作上经常遇到的情绪问题和处理方法； 2. 根据视频，让护理员分析那种方法更好，或者提出自己处理的方式	投影仪，电脑，话筒
20 分钟	通过心理测试题，对护理员的心理与情绪有个大致的认识，并帮助他们舒缓心理压力、调节情绪	1. 选择几个比较经典的、关于心理压力与情绪的测试题，让护理员单独完成； 2. 通过护理员对答案的选择，对他们现在的心理状态和情绪问题做出分析，并对他们如何减压，如何控制情绪提出可行性的建议	纸若干，笔若干，投影仪
15 分钟	引导护理员写下在入院初期遇到的困难，通过问题的共享与交流得出最恰当的解决方案	1. 护理员在纸上写下自己在入院初期遇到的困惑或者心理障碍，由组员打乱后再分给护理员，再由他们针对纸上的问题写下他们认为合适的解决方案； 2. 主持人抽取其中几个具有代表性的问题，并给予较为合适、妥当的解决方案	纸若干，笔若干，话筒
10 分钟	总结此次活动，彼此分享、交流对此次活动的看法与意见，帮助小组得到提升	1. 由主持人总结本次活动内容，发表自己对这次活动的看法，与大家交流分享； 2. 护理员分享、交流对这次活动的看法，也可交流自己的收获； 3. 与护理员合影	话筒

第六节活动　温情传递，你我同在

日期及整节活动时间：2013年6月5日12：30—13：30

活动地点：福利院活动室

活动时间	目标	内容	所需物资
10分钟	感谢护理员的配合，简单概括本次活动的主要内容，并强调本次活动是最后一次活动，使每个护理员做好心理准备，珍惜难得一聚的时光，更积极地融入活动中；同时，通过热身游戏活跃气氛，让护理员进入活动状态	1. 主持人开场白 2. 热场游戏——一元五角（例：工作人员价值是5角，护理员是1元） 3. 主持人说出一个数目，组员依数目自由组合，例如3元，就是3位护理员或2位护理员2位工作人员或6位工作人员； 4. 每次尽快说不同的数目，组员要迅速成组； 5. 发纪念品	纪念品
5分钟	传递温情	给护理员泡茶喝	花茶，茶杯若干，PPT
20分钟	回顾历程，分享感受与体会	1. 播放视频，让护理员重温小组内容； 2. 邀请护理员一一上来分享他们参与小组的感受和收获，并且表达一下对这份工作的新感受，并对小组成员提出一些建议，以便为下次活动的开展积累经验	视频
10分钟	组员与护理员通过合作唱歌、手语表演的联欢方式为最后一次活动画上一个圆满的句号	1. 播放歌曲《感恩的心》； 2. 由组员教护理员唱《感恩的心》； 3. 等护理员进入状态，组员在护理员歌声中表演手语	拍摄视频，准备歌词，活动前手语排练
5分钟	通过有针对性的问卷调查，评估小组成效，了解护理员在此次系列活动中是否有收获	每个护理员完成一份事先设计好的问卷，小组成员在一旁，如果护理员有什么不懂的，可以进行指导（注意问卷题目的设计，语言通俗，题目不要过多）	问卷10份，辅助人员
10分钟	总结本次小组活动，缓解护理员离别情绪，结束本次活动	1. 小组成员一一发表结束感言，对整个活动进行总结； 2. 对护理员的表现给予肯定和赞扬，送上合影，当场在照片上写祝福，以示鼓励和感谢	合影24份，笔

八 所需资源

1. 纸和评估表格：7元。
2. 合影：25元。
3. 花茶和茶杯：25元。
4. 礼物：300元。
5. 公交费：若干。
6. 海报和邮递费：若干。

九 应变计划

预计困难	应付方法
招募不到足够的参加者	邀请杭州市第二福利院的管理人员派予招募对象；亲自邀请招募对象
组员跟不上进度	尽量使互动活动精简且吸引人；经常关注他们，并鼓励他们发问，增加彼此间的互动
组员会出现一些负面情绪	与杭州市第二福利院管理人员、老师及时沟通，并注意安抚

十 评估方法

1. 在第三次和最后一次活动的最后一个环节，组员将被安排完成同一份问卷，以比较他们在参加小组前后的认知偏差、行为偏差是否有改善。
2. 在小组最后一节，依各组的分享及意见做评价。
3. 依工作人员及志愿者在小组进行的观察及分析做评估。
4. 从出席率及参与投入程度等方面做评估。
5. 通过与组员的交谈来了解他们对小组的感受及意见。

附4：活动效果评估表

请就下面每一项进行评价，并在相应的选项上打"√"

一、对活动内容：　　　　　　非常满意　满意　一般　不满意

1. 小组活动内容很符合我的工作

   和个人发展需要　　　　　　　□　　　□　　□　　□

2. 小组活动让我对工作更加有信心　□　　　□　　□　　□

3. 小组活动深度适中，易于理解　　□　　　□　　□　　□

4. 小组活动内容结合实际，易于应用□　　　□　　□　　□

二、对主持人：　　　　　　　非常满意　满意　一般　不满意

1. 主持人表达清楚，态度友善　　　□　　　□　　□　　□

2. 主持人对活动内容有独到的见解，

   准备工作充分　　　　　　　　　□　　　□　　□　　□

3. 主持人能够掌握现场气氛　　　　□　　　□　　□　　□

4. 主持人讲的内容容易理解　　　　□　　　□　　□　　□

三、参加小组活动您的收获有（可多选）

A. 获得了新的技巧和知识

B. 对自己的工作有了一个新的认识

C. 结交了新朋友

D. 有了释放压力的机会，心情舒缓了很多

E. 没有任何收获

F. 其他_____

四、您对小组活动或者主持人有何建议和意见？

案例评析

本次小组活动的优点是：第一，小组成员多数为新进入福利院的工作人员，面临相似的问题，较强的同质性便于组员之间形成相互支持的网络；第二，方案策划依据前期需求评估，不仅关注护理人员服务能力的提升，更关注护理人员处理自身问题技能的改进，并根据过程评估进行了动态调

整,方案本身富有弹性;第三,从杭州方言学习、沟通技巧、自我保健、价值认同、情绪控制等方面对案主进行"增能",各节活动主题明确、目标明晰;第四,活动设计上,参与式的社工剧和情景剧成效较好。从规范上看小组活动策划和开展过程中仍然有不足之处:第一是活动的设计和实施中,小组工作者的主导性一直较强,小组成员(养老护理员)主动性较弱;第二是小组活动的周期性特征不明显,小组自身动力未充分发挥;第三是后期的跟进措施不明显。

第三编 小组社会工作（二）

"低糖生活 健康快乐"老年人互助小组

指导与评价：郑 蓉　张祥晶
参与人员：李文琛　周茂英　李迪婕　吴 恬
　　　　　冯 舒　陈青云　陶 洁　童哲慧
　　　　　史敬尧　蒋孟希　黄如意　卢云帆
实施机构：杭州师范大学社会学系

一　小组名称和性质

名称：低糖生活　健康快乐
口号：低糖生活也要快乐
性质：成长小组、互助小组

二　小组设计理念

老人，作为一个弱势群体，需要我们的关心和照料，尤其是老人的健康，更需要自身、家属以及社会的关注。对于大多数老人而言，糖尿病是一种很常见的病症。由于糖尿病的特殊性和随之而来的并发症，很多老人的生活受到了巨大的影响，尤其是在饮食方面，很多曾经能吃的东西都成了禁忌。一些老人甚至出现了消极的状态，变得忧郁、沉闷、不愿说话，认为生活已经没有乐趣，自己也没有价值。我们社工和年轻的一辈应该以一颗反哺之心为老年人的晚年生活创造一个和谐、愉悦的环境。每个人都有力量、有能力改变自己的生活状况，即便是老人，在身体状况上他们或许并不如青年时强壮，但通过一系列活动，我们相信糖尿病老人有能力提升自己的生活能力。

三 理论架构

本次小组依据小组社工理论，针对福利院内的糖尿病老人进行成长、康乐、互助性的小组活动，在这个活动中，除了邀请专家进行关于糖尿病病患的适宜运动类型、饮食习惯等的知识讲座外，更多的是安排组员间的讨论与支持，如通过手指操、互相按摩教老人做健康运动，组员间相互交流饮食、运动的经验及注意事项等。通过组员间的互动，形成小组的力量，减轻组员的情绪压力，建立共有经验，树立正确的保健观念。

社会学习法：通过组员之间的分享、讨论，产生模仿及互相影响的行为作用，再通过观察和解释他人的行为，进而增加模仿的学习动机，提升个人的自信心。

社会老年学的有关理论：老年人尤其是退休老人，往往感到心理失衡和空虚，假如他们能够维持一定的活动水平和原先的精神状态，保持与外界的接触，就可以相对长久地保持身心健康，延缓机体老化。通过一系列的小组活动，我们将从饮食、运动、心态、人际等方面让老人保持活力，增强其与外界的沟通。

完善自我论：主要依据是马斯洛的需求层次理论，人类的需求有五个层次，依次为生理、安全、归属和情感、尊严以及自我实现的需求，前两项属物质需求，后三项属精神需求，其中自我实现是最高层次的需求。通过糖尿病老人的经验分享与成功案例的鼓舞，老人将重获自信，在活动中发挥自己的积极性和能创性，从中获得自我实现的需求。

四 目标及目的

1. 目标

改善糖尿病老人的心态，使他们能更加乐观积极地面对糖尿病；了解更多与糖尿病有关的知识；增强糖尿病老人之间的互动，通过经验交流加深感情；丰富晚年生活，使糖尿病老人过得更开心、更幸福。

2. 目的

（1）通过提供专业糖尿病知识，加强病友对糖尿病的正确认知。

（2）通过小组活动转移病人对病情的过分关注，协助病友适当地舒解与调适心理及情绪。

（3）使老人从相互的经验交流中，获取支持，坚定治疗糖尿病的信心。

（4）建立老人之间的相互关系，提供机会让老人彼此交往和沟通。

（5）让老人在活动中体验"老有所学，老有所乐"，丰富其晚年生活。

五 小组活动的时间和地点

1. 时间：2013年3月至6月，每两周开展一次活动，每次活动1小时左右，共6节活动。

2. 地点：杭州市第二福利院会议室。

六 组员招募

面向杭州市第二福利院患有糖尿病的全体休养人员公开招募，主要形式有：在院内张贴宣传招募海报；请社会工作服务中心的工作人员协助宣传；向老年人发出邀请。根据老人的身体状况、兴趣爱好、活动能力、性别等确定8~12位老人为小组成员。

七 评估方法

过程评估在每次活动结束后，采取由主持人同小组成员交流的形式进行。结果评估设计评估表,从主持人和小组成员两个方面对小组目标的实现程度、小组成员的参与情况及收获、主持人技巧等进行综合评价。

八 所需物资

参见"小组活动方案"。

九 小组活动方案

第一节活动 "相逢夕阳下"——初相识

日期及整节活动时间:2013年3月27日14:30—15:40

活动地点:老年活动中心

活动时间	目的	内容	所需物资
5分钟	让老人集中注意力,有利于接下来活动的开展	主持人开场白 本次活动分为如下内容:找朋友、击鼓传花、签订"小组契约"、"笑脸拼盘"、认识糖尿病以及最后的分享会	PPT,背景音乐
10分钟	同学与老人结对子,以方便照顾老人及以后的活动开展	找朋友 1. 每个老人、同学手中都拿到一张写有数字的卡片; 2. 由主持人安排合理顺序,找出抽到同样数字的老人和同学,结成对子,并进行自我介绍	写有数字的卡片,事先了解熟悉杭州话的同学
15分钟	通过简单有趣的破冰小游戏活跃现场气氛,促进组员与工作人员间的交流和合作,进一步增进组员间的了解,以强化组员的小组认同感	游戏——"击鼓传花" 伴随着音乐,开始击鼓传花活动,老人们传递手中的道具,音乐停止,由拿着道具的老人发言,进行自我介绍,并且把事先做好的名字牌发给老人贴在手臂上,依次下去,游戏结束后仍有没拿到道具的老人,鼓励他们进行自我介绍	PPT,背景音乐——越剧曲目,名字牌
5分钟	让组员更清楚小组目的及内容,并解答他们的疑问	介绍小组目的及整个小组活动主题、内容	PPT

168

续表

活动时间	目的	内容	所需物资
15分钟	与组员一起订立小组规范，使他们对小组更有归属感并承担责任，希望组员能有秩序地参与小组活动	"小组契约" 与组员一起订立小组规范，介绍小组应有的秩序	纸，笔
10分钟	锻炼手脑配合能力，鼓励他们在能力范围内多进行身体锻炼，再次起到破冰作用，同时增强小组活动的趣味性，消除紧张感	"笑脸拼盘" 1. 将老人两两分组； 2. 一位老人负责将花生拨好，一位老人接力将盆上带壳花生用筷子夹住，走到长桌上的笑脸图旁，然后将带壳花生黏在笑脸上，每个老人夹两颗，来回四趟，共同将笑脸拼好； 3. 每组老人拼好后，小组带着笑脸合影； 4. 向老人介绍这类活动的益处，可以延伸到小组活动之外，比如剥东西，可以发动健康的老人参与后勤部门的拣、剥食物的工作	PPT，背景音乐，花生，筷子
10分钟	加强老人对糖尿病的了解，提高防范意识	"如何认识糖尿病" 主持人通过PPT或视频对糖尿病进行简单的介绍，并预告后期活动	PPT，视频
5分钟	让组员表达对这次聚会的感受，使工作人员明白他们对小组的看法和意见，同时令各组员了解到别人的感受	1. 邀请组员简单地说出对这次聚会的感受和意见； 2. 工作人员总结	—

第二节活动　"调节心态我最棒"

日期及整节活动时间：2013年4月10日14：30—15：30

活动地点：养老院活动室

活动时间	目的	内容	备注
5分钟	回顾	主持人带领老人们回顾第一次活动	—
10分钟	通过活动开始前的破冰游戏，拉近老人之间的距离，活跃气氛，起到热场作用	破冰游戏——播放经典红歌，猜歌名	PPT，音乐

续表

活动时间	目的	内容	备注
25分钟	通过情景剧的新颖表演，一方面吸引老人的注意力，另一方面分享糖尿病老人的经验，满足老人的表达需求和自我价值的实现，同时加强彼此之间的情感交流	情境表演——"大家来找茬儿"。学生表演情景剧，让老人指出其中错误的说法和做法，并分享正确的方法；鼓励每个老人说说自己对患有糖尿病的看法；主持人总结如何正确地对待糖尿病（见附1）	给成功指出错误的老人鼓掌
15分钟	树立正确的生活心态，转移糖尿病老人的注意力	老人轮流依次分享快乐的事或自己的兴趣爱好	—
5分钟	总结此次活动，与老人告别	总结本次活动的内容，预告下次活动时间及内容	—

附1：大家来找碴儿剧本

地点：某社区小公园

时间：下午

A 正常老人　B 糖尿病老人　C 糖尿病老人二　D 糖尿病老人三

A：听说你最近检查出来有糖尿病，怎么回事呀？

B：唉……我也不知道，可能是我太爱吃甜的了，天天就只爱吃甜的，吃太多了！得了这个病，嘴巴就得克制了，好难过。

（糖尿病发生的原因是维持血糖在正常水平的一种激素——胰岛素不足，结果造成血糖升高，而不是因为吃糖才引起了糖尿病。）

C：就是啊，自从得了这个病以后，一点甜的都不能吃了，每天真痛苦！

（如果你想吃某种富含碳水化合物或者脂类的食物，那么你就需要从你的饮食计划中的某处减去同样量的碳水化合物或者脂类——你可以吃你想吃的东西，只是不能吃你想吃的那么多。）

D：也不是吧？我听说只要按时吃药，那么吃什么都不要紧，我就是随便吃的，没事的。

（实际上，如果吃过量的精细碳水化合物和不健康的脂类，即便你多用药，也会增加你患上糖尿病并发症的风险。体重增加容易导致胰岛素抵抗，使机体不能有效利用胰岛素。）

B：才不是呢！饮食还是要很注意的。还有，我还听说我们得了糖尿病后，咱们的儿女也都会通过遗传得这个病。我真是的，老了老了还得了这个病，拖累孩子们，我真是不中用！

（实际上，遗传因素可能引起2型糖尿病，但是这个可以通过很多事情来预防：吃早饭，促进新陈代谢；买新鲜食物，在家做饭吃；吃到八分饱；用小点的盘子吃饭；不喝碳酸饮料；按时运动。）

C：孩子们平时多注意，还是可以避免的，别那么大心理负担。心情舒畅对病情才更有好处，别想那么多，还是多关心你自己吧！有医生帮助控制糖尿病，自己也就不用操心的。

（尽管医生对你的整体护理负有责任，可是每天的日常控制却是我们自己的事情。糖尿病是一种慢性病，其控制和治疗都是每天必须要做的事情，这样病情才不会有进一步的发展，我们必须知道自己每天什么时候吃什么、吃多少，什么时候做运动，什么时候用药，在你生病的时候或压力大的时候如何让自己的血糖水平保持在目标范围内，确保你手边有足够的糖尿病药品可用，预约好就诊时间并按时就诊，以及做好相关检查及化验。）

D：我平时挺注意的，我觉得如果糖尿病控制得好就不用看医生了，我们自己照顾自己就好了。

（实际上，在糖尿病并发症的发病初期，你可能发现不了任何迹象，因此，定期看医生非常重要，能够尽早地发现糖尿病的并发症，每年做一次身体检查非常必要。）

（压高血、胆固醇高都不会表现出明显的症状。）

（定期复查，定期做眼睛、脚、血液和尿液检测，因为糖尿病会影响你身体内所有的器官，也会影响你全身大大小小的血管，以及消化系统、神经系统和循环系统等。）

A：你们都有这个病啊，听说这个病还有好多并发症，是不可避免的，真的吗？

（糖尿病的慢性并发症，以糖尿为治疗糖尿病的核心和重点，可悲的是由于传统的糖尿病治疗把重点放在血糖、血压的改变上，因此糖尿病并发症一直没有得到有效的控制。稍做研究大家就可以发现糖尿病这些并发症的病理原因，实际上是对应器官的血管粥样硬化病变，只是肾、眼、足病是以微小血管为主，脑、心脏病是以中血管为主，但其病理基础都是血管粥样硬化。所以根据不同的器官，我们要做好不同的保养，这样就可以相应地减轻并发症带给我们的痛苦，大家要积极地应对。)

A：今天还真是了解了不少关于糖尿病的知识，谢谢大家的纠正。

第三节活动 "快乐人生 健康生活"——饮食与糖尿病

日期及整节活动时间：2013年4月24日14：30—15：30

活动地点：养老院活动室

活动时间	目的	内容	备注
10分钟	通过活动开始前的破冰游戏，拉近老人之间的距离，活跃气氛，起到热场作用	破冰游戏——"天气预报" 先让老人围成一圈，当主持人喊"晴天"时，让老人保持微笑；喊"小雨"时，让老人拍拍肩膀；喊"刮风"时，让老人拍拍腿（主持人示范）	—
15分钟	通过老人之间养生经验的交流分享，满足老人的表达需求，加强彼此之间的情感交流	击鼓传花——"分享糖尿病知识" 伴随着音乐，开始击鼓传花活动，老人们传递手中的道具，音乐停止，由拿着道具的老人发言，讲述、分享自己的糖尿病知识	1. 由于活动时间有限，每个老人只能讲述一条养生之道，活动持续大概20分钟； 2. 事先准备好活动音乐及击鼓传花的道具
15分钟	通过竞赛的方式，进行糖尿病知识的普及，让老人多吸收一些知识，营造一种轻松的氛围	"果蔬宝库猜猜看" 把老人分成两组（或者不分组），事先准备好画有水果、蔬菜的卡纸；每组老人分别拿一个纸盒，经过小组讨论后，把适合糖尿病人食用的水果和蔬菜的卡片分别放入各自的盒子中	1. 提前准备画好水果、蔬菜的卡片，纸盒； 2. 活动组织者事先深入了解相关知识
10分钟	增强老人对糖尿病的了解，通过与老人的交流，加强我们对老人的了解和认识	专家（金老师）为各位老人正确解读糖尿病及饮食方法	—
5分钟	通过老人之间的真情互动，增进彼此感情，缓解疲劳	生活小智慧 准备一些日常生活中的小问题，从事先准备好的小纸条里抽取爷爷奶奶的名字，请他们回答	—
5分钟	总结此次活动，与老人告别	结束本次活动，并预告下次活动	—

第四节活动 "运动快乐"——运动与糖尿病

日期及整节活动时间：2013年5月8日 14：30—15：30

活动地点：杭州市第二福利院

活动时间	目的	内容	备注
5分钟	营造和谐气氛	上一次活动回顾	调动老人对上一次活动的回忆
10分钟	1. 让老人活动手脚，锻炼手脑配合能力； 2. 鼓励他们在能力范围内多进行身体锻炼； 3. 增加小组活动的趣味性，并引出此次活动主题	热身游戏——"左右交叉" 规则：社工说"左手"，大家就要举起右手；社工说"右眼"，大家就要指左眼 活动方法： 1. 社工依次说出命令：左耳，右手，左眉，右眼，右胳膊，左脸； 2. 社工依次说出命令：右鼻孔，右耳，左眼，左脸，左眉，右手； 引出主题：进行简单的活动，有益于我们的身体健康	1. 先跟老人讲游戏规则，如果个别老人不能理解，请结对子的同学从旁解释； 2. 让老人围成一个圈，开始游戏； 3. 准备背景音乐
15分钟	给老人介绍一些适合他们的运动，并对几项做示范，让老人们活动筋骨	适合糖尿病老人的运动： 1. 散步， 2. 慢跑， 3. 太极拳。 介绍太极拳的时候，请会做的社工做示范，让老人一起学	1. 动作简单、易学； 2. 分配好老人之间的座位，手脚方便的老人站起来学，手脚不方便的老人坐在位置上比画
20分钟	1. 培养老人的沟通合作能力； 2. 通过共同话题的探讨，增进老人之间的感情交流，满足老人表达的需求； 3. 从别的老人身上获取经验，减少糖尿病的困扰	击鼓传花——分享"我与运动的故事" 伴随着音乐，开始击鼓传花活动，老人们传递手中的道具，音乐停止，由拿着道具的老人发言，分享自己的故事	1. 事先准备好活动音乐及击鼓传花的道具； 2. 控制好老人发言的时间，要引导有些不善表达的老人，帮助其表达
5分钟	让老人分享一下活动感想，谈谈活动收获	"感受分享" 谈谈老人对活动的分享与收获	—

第五节活动 "我和你和他"——人际关系与糖尿病

日期及整节活动时间：2013年5月22日 14：30—15：30

活动地点：杭州市第二福利院

活动时间	目的	内容	备注
5分钟	为本次活动做铺垫，消除老人和同学间的隔阂感	开场简介、前情回顾（打油诗）	PPT，打油诗
5分钟	帮助老人熟悉坐在身边的同伴，建立小组中的人际关系	热场小游戏——"找啊找，找朋友" 游戏规则：主持人根据每位老人的胸牌报名字，当报到某位老人的名字时，邻座两边的老人需要反应并举手	—
20分钟	1. 使老人认识到人际关系中的一些问题； 2. 根据案例和在场不同老人的回答，借鉴处理人际关系的方法； 3. 帮助小组成员进行思想交流，拉近彼此距离	案例分析——我是调解官 活动规则：主持人会提前准备3个案例，每个案例匀速念一遍，然后由同学用情景剧的形式演示一遍，老人在每个案例演完后有3分钟准备，并依次发言	椅子，水杯，表演人员
15分钟	1. 让老人对糖尿病能有乐观积极的态度，回忆美好的过去； 2. 增强自我实现感，增强老人的自信心并鼓励小组中建立良好的交友圈	分享和倾听——"好伙伴在二福" 活动内容：老人有5分钟思考回忆的时间，时间一到，每位老人分享因为糖尿病进入杭州市第二福利院后，人际关系的状况、认识的朋友、奇闻趣事等	PPT
10分钟	1. 通过小礼品表达我们的小小祝愿，为小组成员留下共同回忆，增加彼此认同感和同一性； 2. 说明最后一次活动，为下一次活动做铺垫	1. 发放小礼品：平安小手链 2. 活动总结 3. 通知活动进程	小手链

第六节活动 "美好回忆"——总结与回顾

日期及整节活动时间：2013 年 5 月 29 日 14：30—15：35

活动地点：杭州市第二福利院

活动时间	目的	内容	备注
5 分钟	引出本次活动的主题	开场简介、内容回顾	—
10 分钟	热身，活跃气氛，并让老人进行脸部运动	小游戏：传数字	1. 流程见附 2 2. 考虑到数字太大会增加老人操作游戏的难度，可以将数字设置得小一点
15 分钟	1. 让老人回顾前 5 次的活动； 2. 加强社工与老人之间的交流与合作	知识回顾 1. 将 10 位老人分为 3 小组，每个小组需配备社工； 2. PPT 回顾前 5 次的活动内容，巩固知识； 3. 利用 PPT 出问题，让每个小组老人回答，此为必答（社工起辅助作用）； 4. 奖励	—
10 分钟	心语心愿	1. 社工准备卡片，每位与老人结对子的同学在卡片上写下自己想对老人说的话或者祝福； 2. 将卡片放在纸箱里让老人随意抽取，老人可以当众读出卡片上的内容，也可以自己保存，邀请几个老人来分享感受	若干卡片
15 分钟	分享感受，制作回忆墙	1. 让老人们回顾本次的感受，也可以是这 6 次活动的综合感受； 2. 在回顾过程中，鼓励每一位老人和同学在 N 次贴中简要写下或画出感想或心情，最后一起贴到回忆墙上	1. 可以配音乐； 2. 回忆墙采用海报纸形式，事先制作完
5 分钟	整个系列活动成果反馈	填写问卷（见附 3）	同学在老人旁，以便做相应解释工作
5 分钟	结束 6 次活动，并留下纪念	结束语（外加合照）； 与老人们一一拥抱	准备相机

附 2："传数字"游戏流程

"传数字"的组员一行直排向前望，可坐也可站立，但不可以回头望。社工拿出写上数字的字条，让最后面的老人抽出一张。然后社工告诉所有老人点头代表个位数，拍手代表十位数。准备好后，该组员拍前面的组员的肩，指示他回转头，并以上述方法传达字条上的数字，但不能发出任何声音。数字一直传到最后一位老人，社工便拿答案表让他选择，看看能否猜中所传的数字。

附 3：糖尿病小组活动评估表

1. 您对自己在小组中的总体表现自评分为：_____（总分 100 分）

2. 您认为通过我们的活动有没有达到预期小组目标？（请在所选择的与您情况相符的文字下打钩）

糖尿病小组活动评估表（小组成员）

预期目标	完全达到	基本达到	达到一部分	几乎没达到	完全没达到
促进老人更好地认识糖尿病的相关知识					
促进老人积极应对糖尿病的态度					
促进合理利用膳食和健康饮食，更加了解有关糖尿病的饮食方面的知识					
促进老人养成运动养生的观念，适当运动					
促进老人之间的人际沟通与合作					

3. 您对这次活动的满意程度如何？（请在所选择的与您情况相符的文字下打钩）

内容	非常满意	满意	不满意	非常不满意	难说
活动内容的安排					
活动时间的安排					
活动的场地					
主持人					
小组带领者					
活动整体					

4. 您参加了这次活动有什么新的收获？

_____

5. 您认为我们的活动有哪些可以改进的地方？

_____

十　应变计划

困难	解决方案
组员参加小组后，不能持之以恒	1. 招募组员时澄清活动的时间安排及纪律； 2. 尽量做好工作，增强小组的吸引力
因各种原因组员参加活动迟到	1. 第一次活动告知老人小组规则； 2. 安排其他组员玩小游戏，等待组员到来，并解释组员迟到的原因
由于糖尿病老人产生的一些困难	1. 小组中交流节奏慢一点； 2. 工作人员及时澄清，确保组员都了解信息
借用的场地科室临时需要	1. 提前一天与科室确认地点是否可用； 2. 事先找一个备用的地方
小组成员有突发疾病	1. 在小组活动中先进行宣传，如自救处理； 2. 邀请相关护理人员在旁陪护； 3. 每位工作人员身边自带手机，方便联系

案例评析

本次小组活动的优点是：第一，小组成员面临相似的问题，同质性强，便于组员之间的互动；第二，方案策划基于需求评估，并根据过程评估进行了动态调整，方案本身富有弹性；第三，从心态、饮食、人际关系、运动四个方面对案主进行"增能"，较为严谨；第四，活动设计上，社工剧效果较好，并很受老人欢迎；第五，注重整合资源，请专家讲座使老人受益匪浅。从规范上看小组活动策划和开展过程中仍然有不足之处：第一是活动的设计以小组工作者为主导，服务对象（老人）参与较少；第二是小组活动过程中工作者始终处于中心位置，对小组的带动作用过强，小组成员对工作者有较强的依赖性；第三是个别活动不适合精细动作不太灵敏的老人。

"长寿而活得精彩"老年人发展小组

指导与评析：张祥晶　郑　蓉
参 与 人 员：杭州师范大学社工 2008 级部分同学
实 施 机 构：杭州师范大学社会学系

一　小组活动背景

人们普遍认为老年是退出社会的代名词，因此在观念上往往视老年人为家庭和社区的负担，对老年人的作用视而不见，片面夸大其身体上的劣势。就老年人而言，他们退出工作岗位之后，与社会的联系逐渐减少，同时某些能力亦不可避免地随着年龄的增长而降低，从而导致一部分老年人认为自己只能消极被动地适应社会。因此，开展老年小组工作的一个重要功能，就是要澄清这一认识上的误区。同时，在协助老年当事人工作的过程中，使老年人感受到他们仍然可以改变自己和周围的环境，而并不是消极的一群人。

二 小组名称及性质

名称:"长寿而活得精彩"

性质:发展性小组

三 小组活动理论支持

本次小组活动的理论依据包括社会撤离理论、符号互动理论、社会交换理论、连续性理论和活动理论等。

四 小组活动原则

尊敬并接纳老年人,建立相互信赖的关系;与老年人互动有耐心、多鼓励,鼓励老年人自我决定,个别化,尊重隐私和保密等。

五 小组活动技巧

核心技巧是缅怀往事和人际沟通。缅怀往事是指让老年人回顾他们过去生活中最重要、最难忘的事件或时刻,从回顾中让老年人重新体验快乐、成就、尊严等多种有利于身心健康的情绪,帮助老年人找回自尊和荣耀。协调老年人通过小组活动来增加老年人的人际交往,提高其社交活动的参与度。

小组工作是我们此次工作的重点。小组工作技巧中较为适用于老年人的是"直接式小组方法",它强调工作人员通过小组活动程序,先融洽小组气氛,待小组成员较为熟悉之后,再进一步探索他们对小组程序及日后活动的兴趣。此外,老年小组工作还有下列主要的技巧:充分的准备、组织简单易学的活动、及时赞赏有能力的成员、关心老年人对活动的感受、及时调整小组活动、赏罚分明、要有圆满的结局等。

六 小组工作目标

1. 丰富老年人生活,增进老年人之间的友谊。
2. 帮助老年人重新整合过去生活的意义,挖掘老年人成就感,从而使老年人产生人生完美的积极、正面的感受。

3. 支持老年人积极参与活动，改善老年人的人际关系。

七　小组活动地点、时间、次数

地点：杭州市第二福利院2号楼一楼会议室。

活动时间及次数：2011年3月24日至5月5日，总共4次，每次1小时。

八　人员招募

在杭州市第二社会福利院老人公共活动区域张贴招募海报，在自愿报名基础上，根据老人的身体状况、兴趣爱好、活动能力、性别等确定8～12个人为小组成员。

九　评估方法

过程评估在每次活动结束后，采取由主持人同小组成员交流的形式进行。结果评估要设计评估表，从主持人和小组成员两个方面对小组目标的实现程度、小组成员的参与情况、小组活动收获、主持人技巧等进行综合评价。

十　预计困难及解决办法

1. 考虑老年人的身体状况，根据其参与情况灵活调整活动方案，并准备好活动替补方案。

2. 工作人员与组员之间的关系处理不当时，观察员及时加以纠正或指导，同时做好组员的工作，说明小组的性质以及目的。

3. 如组员出现消极情绪或有抵触情绪时，工作人员应用小组工作的技巧做好该组员的工作，调动其积极性并发动其他组员，尽量让组员互相帮助，发展团队协作能力。

4. 如在小组结束时组员对小组产生依恋情绪，做好小组的终结工作，工作人员对产生依恋的组员进行情绪疏导，帮助其走出依恋。

5. 当小组活动进行时出现偏离主题的情况，尽量把问题交给组员让他们自行解决，但在这个过程中工作人员要发挥启发者和引导者的作用，观察员应适当地提出建议。

6. 在互动中充分利用不同老人的性格特征，发挥积极分子带头作用，同时要鼓励较不积极的老人。

十一 活动过程

第一节活动 "长寿并快乐着"

（一）小组工作过程

1. 手指操（5分钟左右）

第一组手指操：

（1）吐气握拳；用力吸足气并放开手指。这样可以使头脑轻松。

（2）用一手的食指和拇指揉捏另一手指，从大拇指开始，每指做10秒。这样可使心情愉快。

（3）吸足气用力握拳；用力吐气同时急速依次伸开小指、无名指、中指、食指。左右手各做若干次（注意握拳时将拇指握在掌心）。

（4）刺激各指端穴位，增强效果。用食指、中指、无名指、小指依次按压拇指。

（5）刺激各经络。用拇指按压各指指根。

（6）双手手腕伸直，使五指靠拢，然后张开，反复做若干次。

2. 认识朋友（30分钟左右）

活动目的：帮助组员之间相互认识，使组员在初期打破沉默，介绍自己，加强彼此沟通。

活动方法：在社工的协助下，老人自由两两结合相互交流之后（5分钟左右），由老人相互介绍（A介绍B，B介绍A），包括年龄、来福利院时间、爱好等。相互介绍之后，主持人拿出写好的词语（与长寿有关，如福气、长寿等词语），一对一结好对子。大家将自己的词语念出来，结成"祖孙对"。

3. 越剧演绎（10分钟左右）

活动目的：调动组员情绪，培养组员兴趣。

活动方法：邀请一两位老人（会唱越剧的）上来演绎一段越剧名段，活跃现场气氛；由社工带头，把老人喜欢的越剧《天上掉下个林妹妹》《楼台会》《十八相送》等熟悉一下，带动老人情绪。

4. 小组规则制定（15分钟）

活动目的：调动组员的思维能力，加强组内的凝聚力和互相帮助的意识。

活动方法：动员老人一同来制定小组规则，包括小组名称、小组成员应遵守的规则、小组目标、小组原则等。

5. 赠送小礼物，并总结（10分钟左右）

主持人首先对活动做一简单总结；然后向参加活动的老人表示真诚的谢意，并向老人赠送小礼物；最后公布下次活动的时间和地点，希望老人能够继续支持和参与。

6. 备用游戏

（1）24点（一副扑克牌）（10分钟左右）

主持人任意抽出4张牌，老人们共同合作，凑24点出来（培养老人合作能力、锻炼老人人际处理能力）。

（2）猜字谜

字谜：石达开——研；七十二小时——晶；需要一半，留下一半——雷；要一半，扔一半——奶；自己——体；一人一张口，口下长只手——拿；一个人搬两个土——佳；一只狗四个口——器；一边是水，一边是山——汕。

（二）活动所需物资

抽奖盒、卡纸、海报纸、粉笔、笔、扑克牌；奖品准备：牙膏等生活日用品。

第二节活动　"忆往昔峥嵘岁月"

（一）活动过程

1. 手指操（10分钟左右）

（1）复习上次的手指操。

（2）学习新手指操。

第二组手指操（组员和老人们一起做）：

（1）抬肘与胸平，两手手指相对，互相按压，用力深吸气，特别是拇指和小指要用力。边吐气，边用力按。这对于呼吸系统的病、妇女病、腰痛有治疗作用。

（2）将腕抬到与胸同高的位置上，双手对应的手指互勾，用力向两侧拉。这对预防和治疗高血压也有效。

（3）用右手的拇指与左手的食指、右手的食指与左手的拇指交替相触，使两手手指在交替相触中得到运动。动作熟练后加快速度。再以右手拇指与左手中指，左手拇指与右手中指交替做相触的动作，以此类推直做到小指。这可以锻炼运动神经，防止头脑老化。

（4）两手手指交叉相握，手指伸向手指，以腕为轴来回自由转动。

（5）肘抬至与胸同高的位置上，使各指依次序弯曲，并用力按压劳宫穴。这可强健肠胃。

2. 缅怀过去、分享快乐（30分钟左右）

活动目的：加深组员间的了解，发现自己的快乐，分享别人的快乐，共享快乐。

活动方法：首先大家一起简单回顾老人的基本信息，然后每人说一件人生中最开心的事，与所有人分享这份快乐。

活动过程：

①采用卡片抽签的形式，12张卡片上分别写上不同的、让自己快乐的主题，比如"我儿童时代让我最开心的事""我青年时代中让我最开心的事""我上班时让我最开心的事""我和子女在一起让我最开心的事""我的业余爱好中让我最开心的事""我退休后让我最开心的事""我在第二福利院让我最开心的事""我和朋友在一起时让我最开心的事""我和我的兄弟姐妹在一起时让我最开心的事""我抚养子女时让我最开心的事"等。社工事先在卡片上写三个主题加上一个自选，做到四选一，这样可以让老人有针对性地缅怀快乐往事。

②采取老人和社工交谈的办法，请上次结对子分配的社工呈现老人最

开心的事情。

3. 活动总结（5~10分钟左右）

挑选一位老人总结一下大家对此次活动的看法和收获。

4. 手工纸鹤、花朵等制作（10分钟左右）

教老人一些手工花朵的制作，并让老人回去自己练习，下次可作为成品带过来展示。

5. 经典歌曲重温（5~10分钟左右）

通过重温经典老歌将老人带回到青年时代。经典歌曲的回放带动老人情绪，在熟悉的旋律中结束第二次活动。

6. 备用游戏

猜字谜：十字对十字，太阳对月亮——朝；十个哥哥——克；三张纸——顺；上下合——卡；十五人——伞；十五天——胖；一月一日非今天——明。

（二）活动所需物资

道具：正方形彩纸25张、小剪刀12把、卡纸5张、一个托盘、粉笔若干、签字笔若干；小奖品：毛巾等生活日用品。

第三节活动　"夕阳无限好　欢乐齐分享"

（一）活动过程

1. "亲爱的，我想对你说"（子孙所录视频播放，10分钟左右）

活动内容：子孙的信件赠送。

活动目的：回忆前两次活动的内容，带动老人们的情绪，以便更好地开展此次活动。

2. 欢乐的舞会（15分钟左右）——音乐选择（经典老歌）

活动内容：交谊舞步学习（两两配对）。

活动目的：交谊舞是一种亲密程度恰当的舞种，在活动中可以通过互动增进老人之间的交流，同样也满足老人学习舞蹈的需要。

3. 我的养生之道（10分钟）

活动目的：通过分享自己的养生之道，帮助老年人更好地健康生活，也增强老人之间的相互沟通和老人的人际关系处理能力。

活动过程：主持人可以先和老人分享一些养生方面的知识，然后请老人们畅谈自己的养生诀窍（如果遇到冷场情况，社工要适时引导）。

4. 情景剧——"我该怎么办？"（20分钟）

活动目的：老人在福利院内会遇到很多问题，以情景剧的方式将典型的问题提出，让老人们自己讨论该如何解决。

活动过程：

情景剧一：同屋的人生活习惯不一样，让护理员不知所措，该怎么办？

情景剧二：同屋的老人由于子女太忙没空来看她，心情不好，该怎么安慰？

5. 总结及合影（5分钟左右）

首先，对活动做简单总结；其次，向参加活动的老人和护理人员表示真诚的谢意；最后，公布下次活动的时间和地点，希望老人能够继续支持和参与。

活动后：各自"子孙对"合影。

（二）活动所需物资

信封（12封）、信纸（12张）、子孙视频及播放器、康乃馨花（12朵）、唇膏（7支，用完送给奶奶们）、面霜（2支）、经典歌曲（10首）、写好姓名的纸（12×2=24张）、笔（13支）、祈愿树的海报、其他（如卡纸、剪刀、胶带、粉笔——以备临时情况）；小奖品：毛巾等生活日用品。

第四节活动 "相亲相爱一家亲"

（一）活动过程

1. 手指操（10分钟）

活动目的：活跃气氛，巩固前面活动成效，带动老人锻炼。

2. 寻找共同点（20分钟）

活动目的：体现主题、寻找相同之处，促进老人平常的交流和沟通。

活动内容：①主持人说："喜欢养花的爷爷奶奶请举手。"之后请上喜欢养花的老人，采访他们（住哪个房间、喜欢养什么花等）。采访后请老人模仿养花的几个动作，然后主持人带动大家一起模仿这几个动作，活动大家的身体。这一组结束后，主持人宣布："这是一个爱养花的大家庭，我们是相亲相爱一家人。"②再进行相关的几组活动，如喜欢打牌的，喜欢运动的活动等，对所有的老人进行优点轰炸，发现其他的共同点。

所需物质：白纸、记号笔。

3. VCR 展示（5 分钟）

活动目的：让老人休息，回忆之前的活动，为下一环节做铺垫。

所需物质：多媒体设备。

4. 爷爷奶奶请对我们说（10 分钟）

活动目的：加深相互了解。

活动内容：请每位老人对社工或所开展的活动说一句他们最想说的话，可以是对这次活动的感想，也可以是对我们的意见和希望，任何话都可以。

所需物质：无。

5. 共唱夕阳红（5 分钟）

活动目的：调动气氛，渲染气氛。

活动内容：和老人一起唱 2~3 首老歌，共同重温经典老歌；社工向老人献上歌曲：《相亲相爱一家人》。

所需物质：多媒体设备。

6. 评估、结束活动（10 分钟）

活动内容：填写评估表；主持人宣布活动结束，并送上相册作为礼物，与老人合照留念。

所需物质：相册。

（二）备用游戏

"猜猜我是谁"：之前准备好纸条（纸条内容是对一个老人的具体描述），由社工抽取，然后经社工模仿老人的行为动作、情景剧表演以及三个简单提示词等，生动展示一个老人的形象，由在座各位老人猜描述的是哪一位老人。公布结果之后，大家再次对这位老人进行优点轰炸，以此来增进老人之间的了解，同时让大家了解到之前没有了解到的老人的优点。

十二 应变计划

预期困难	应对方法
无法调动老人气氛	1. 社工调动气氛来带动老人参与积极性； 2. 采用备用活动
活动所用的器材和用具欠缺	1. 准备备用器材、自带电脑； 2. 采用备用活动
突发状况处理	1. 社工组员配合解决，尽量减少影响； 2. 主持人把握住整体，及时调动气氛，处理状况

案例评析

　　本次老年人小组工作是在杭州市第二社会福利院开展的第一次活动，也是社会工作专业学生第一次自己策划并主持的、面向老年人的实务活动，小组活动开展具有一定的开创性意义。基于对老年人的需求评估，同学们确立小组的性质，制定小组活动目标，并围绕目标设计了各节活动。本次活动策划依据成功老化理论，小组活动设计整体上比较严谨；遵循"增能"取向，融入"音乐治疗"——唱红歌、唱越剧，益智训练——猜字谜，运动训练——手指操、交际舞；成功地使用了"缅怀往事"技巧；"一对一"祖孙结对的形式使老人尽快融入小组活动。从规范上看小组活动策划和开展过程中仍然有不足之处：第一是活动的设计以小组工作者为主导，服务对象（老人）参与较少；第二是小组节数偏少，仅有4次活动；第三是小组活动过程中工作者始终处于主导地位，没有充分利用组员的动力；第四是组员的同质性不强，影响成员之间的互动。

"一米阳光"老年人工作小组

指导与评析：郑　蓉　张祥晶
参与人员：郑小蓉　冯雅琼　刘思阳　蓝丽娟
　　　　　宋　洁　王燕娜　张　俏　费方超
　　　　　金林海　李　力　舒　怡　张仲洁
　　　　　王旭剑
实施机构：杭州师范大学社会学系

一　小组名称和性质

小组名称："一米阳光"老年人工作小组
小组性质：发展性活动

二 小组设计理念

根据马斯洛的需要层次理论，每个人都有被尊重的需要和权利，参加活动的老年人，不管其籍贯、性别、年龄或者家庭背景等如何，每个人都是平等的，都是值得尊重的。年龄的增长是一个客观的、不容改变的现实，这是人成长的必经过程，人年轻时为社会奉献力量、促进人类的进步，而当他们渐渐老去的时候，社会应该以一颗反哺之心来为老年人的晚年生活创造一个和谐、愉悦的环境。每个人都是有力量的，有能力改变自己的生活状况，即便是老年人，或许在身体状况上他们并不如青年时强壮，通过一系列的活动设计，我们相信老年人有能力去提升自己的生活能力。

三 小组设计理论架构

社会活动理论认为，社会活动是生活的基础，人们对生活的满意度与社会活动紧密联系在一起，社会活动是老年人认识自我，获得社会角色，寻找生活意义的主要途径。老年期是中年期的延续，老年人依然有能力和愿望参加各种社会活动。在老年期，社会和个人的关系本质变化并不大，因此，老人应当尽可能多地参加各种各样的活动，只有多方参与有关生理、心理和社会的活动，才可能充分地保持老年人生理、心理和社会等方面的活力，更好地促进老年人生理、心理和社会等方面的积极进步。现实的情况是：许多老年人想有所作为而苦于没有机会；一些老年人因退出社会主流生活而导致老年抑郁症；有些老人因枯坐家中无人交谈而提前脑退化。现代医学证明，勤于用脑的人脑力活动能力退化的速度要比懒于用脑的人缓慢得多，较少说话的老人比常有人陪伴的老人更多患老年痴呆症。因此，让老年人保持较高频率的活动，积极参与社会生活，对防止老年人大脑退化具有非常重要的作用。随着核心家庭和双职工家庭的增多，快速的生活节奏和竞争压力使子女很难抽出更多的时间陪伴老人，所以，鼓励老人自我调适、积极投身社会生活而不是独处一隅就显得十分重要。

四　目标及目的

1. 目标

丰富老年人的生活,向老年人传播养生知识,增进其相互间的友谊并拓宽生活圈。

2. 目的

(1) 扩大老年人的人际关系网;

(2) 互相建立初步关系,提供机会让老人彼此交往和沟通;

(3) 让参加者在活动中体验"老有所学,老有所乐",丰富其晚年生活。

五　小组活动的时间和地点

1. 时间:2012年3月至5月,每两周开展一次活动,每次活动1小时(9:30—10:30),共6节活动。

2. 地点:杭州市第二福利院会议室。

六　组员招募

面向杭州市第二福利院全体休养人员公开招募,主要形式有:在院内张贴宣传招募海报;请管理处的工作人员协助宣传;向老年人发出邀请。再根据老人的身体状况、兴趣爱好、活动能力、性别等确定8~12位老人为小组成员。

七　评估方法

过程评估在每次活动结束后,采取由主持人同小组成员交流的形式进行。结果评估要设计评估表,从主持人和小组成员两个方面对小组目标的实现程度、小组成员的参与情况及收获、主持人技巧等进行综合评价。

八　经费预算

参见"活动计划"。

九 活动计划

第一节活动 "你是我朋友"

日期及整节活动时间：2012年3月14日9：30—10：30

活动地点：杭州市第二福利院

活动时间	目标	内容	备注
5分钟	简单介绍	"新闻联播" 模仿新闻联播的形式介绍社工自己以及这次活动的主题	1. 提前准备新闻联播音乐及背景； 2. 一名播报员； 3. 播报员需保持口齿清晰，语速放缓，以方便老人理解
5分钟	同学与老人结对子，以方便照顾老人及以后的活动开展	"找朋友" 1. 每个老人、同学手中都拿到一张写有数字的卡片； 2. 有主持人安排合理顺序，找出抽到同样数字的老人和同学，结成对子	事先准备好写有数字的卡片
25分钟	使成员相互认识，打破初期的沉默与尴尬，介绍自己，加强彼此沟通	"相互介绍" 1. 全体组员围坐成圈，由某人开始顺时针方向起立，做自我介绍，同学们介绍时，需向老人递上自己的小卡片以加深老人的了解与记忆； 2. 由主持人随机抽A，让B说出A的名字或姓氏（A与B属不同群体）； 3. 回答正确的A和B要在大家的见证下拥抱以示友好； 4. 回答错误的人按个人情况考虑是否需要表演简短才艺，两人重新介绍对方后在大家见证下拥抱以示友好	1. 事先准备小卡片； 2. 小卡片中包含同学的个人照片及姓名、联系方式等信息； 3. 多准备额外几张卡片，如若后来有老人进场可以分配对子
10分钟	热场，培养同学与老人间的协作能力和感情	"你我的红歌" 1. 每个老人发放一张歌词； 2. 主持人说开始，每对按歌词顺序唱出歌曲，连成一首歌，最后合唱	1. 同学与结对老人同坐，这一轮环节相互配合； 2. 歌词需提前裁剪完毕

续表

活动时间	目标	内容	备注
10 分钟	提高组员个人的手脚灵活度、组员之间的相互配合能力,并希望组员在相互配合的过程中更加融洽	"蕉蕉心" 1. 每个组有若干个人,每人一个香蕉,围成一个圈; 2. 去吃左边人手里的香蕉,如甲用右手剥开乙左手的香蕉并吃掉,同时要拿住左手的香蕉给丙吃	1. 香蕉切半,以保证老人不至于食用过多; 2. 提前调查有无由于身体原因不能吃香蕉的老人
		备用游戏——"拼字游戏" 1. 找一首诗词(或者对联、成语等),把诗词里字的偏旁部首全部拆开写在卡片上; 2. 老人和同学一组,先把字拼出来,然后看着散乱的字把诗词拼出来	1. 如遇到由于自身身体原因不能吃香蕉的老人,临时选用这一游戏; 2. 事先尽量调查好人数,选择合适的诗词; 3. 诗句最后有出入无法拼凑完整应做好应急措施(如先念一句诗让知道的老人回答)
5 分钟	处理情绪,解释后面 5 次活动的内容、形式,结束本次活动	总结这次活动,预告下节活动内容	—

第二节活动 "我的健康我做主"之养生保健

日期及整节活动时间:2012 年 3 月 28 日 9:30—10:35

活动地点:社工服务中心

活动时间	目标	内容	备注
3 分钟	以新颖的形式回顾上一节精彩片段,并且以"新闻联播"的形式贯穿整个活动,预知活动内容,让人耳目一新	"新闻联播"活动导读	1. 提前下载"新闻联播"视频; 2. 用 KT 板制作电视框,选两名播报员

续表

活动时间	目标	内容	备注
10 分钟	通过活动开始前的破冰游戏，拉近老人之间的距离，活跃气氛，起到热场作用	破冰游戏——"天气预报" 先让老人围成一圈，当主持人喊"晴天"时，让老人保持微笑；喊"小雨"时，让老人拍拍肩膀；喊"刮风"时，让老人拍拍腿（主持人示范）	—
20 分钟	通过老年人之间养生经验的交流分享，不仅满足了老年人的表达需求，而且加强彼此之间的情感交流	击鼓传花——"分享养生知识" 伴随着音乐，开始击鼓传花活动，老人们传递手中的道具，音乐停止，由拿着道具的老人发言，讲述分享自己的养生之道	1. 由于活动时间有限，只限每个老人讲述一条养生之道，活动持续大概 20 分钟； 2. 事先准备好活动音乐及击鼓传花的道具
15 分钟	老人自己对水果进行分类，可以加深印象	"果蔬连连看" 把老人分成两组，事先准备好画有水果、蔬菜的卡纸和两个纸盒（一个标有糖尿病，一个标有高血压，分别代表两种老年病），每组老人分别拿一个纸盒，经过小组讨论后，把适合这种疾病食用的水果和蔬菜的卡片分别放入各自的盒子中	1. 提前准备画好水果的卡片，纸盒； 2. 活动组织者事先深入了解相关知识
10 分钟	增强老人对常见老年疾病的了解，提高防范意识，通过与老人的交流，加强我们对老人的了解和认识	"主持人养生知识总结" 1. 介绍老年人常患疾病的日常保健方法及老年人适合食用的水果蔬菜等； 2. 将这些知识打印在 A4 纸上发放给老人	事先准备好养生知识，A4 纸打印好发放给老人
5 分钟	通过老人之间的真情互动，增进彼此感情，缓解疲劳	备用游戏——"轻松一刻" 让所有老人围成一个圈，依次按摩，2 分钟后所有老人向后转，继续按摩 2 分钟	—
2 分钟	总结此次活动，与老人告别	"结束" 以"新闻联播"的方式结束	—

第三节　我运动、我健康

日期及整节活动时间：2012 年 4 月 11 日 9：30—10：30

活动地点：社工活动中心

活动时间	目标	内容
5 分钟	营造一种和谐的气氛	上一次活动回顾（关灯）
25 分钟	1. 提高老人的指关节的灵活度； 2. 增强老人的眼、脑协调能力； 3. 培养老人的沟通合作能力； 4. 通过分组游戏，打乱老人原有的位置，增加其和其他老人之间的互动	第一站："无声岛"（开灯） 1. 天生一队：报数 1、2、1、2……报 1 的为一组，报 2 的为一组（打破老人之间原来的位置）； 2. 指手画脚：两组同时进行游戏，两组老人分别站成一横排，由左边第一个老人开始，按照我们纸上句子对第二个老人进行比画，以此类推，最后一个老人猜出这个动作所表达的意思，每组玩两轮； 3. 教授手语：告诉老人这句话如何用手语表达
20 分钟	1. 锻炼老人的手、眼协调能力； 2. 培养老人间共同合作的精神	第二站："挑豆岛"（开灯） 游戏规则： （一）"不再豆留" 1. 黄金搭档：先围成一圈，发给老人每人一张动物卡片，老人需要不发出声音只做动作找到自己的同类每组 3 人； 2. 给每组老人两个盆，一个盆上有带壳的花生和不带壳的花生，另一个盆是空的； 3. 让老人将不带壳的花生用筷子夹出来，放到另一个空的盆子里 （二）笑脸拼盘 1. 展示老人的成果，然后将成果放在 4 把和长桌平行的椅子上，让每组 3 个老人分别站在相应的椅子后面，开始第二个进阶环节，在长桌上放置和椅子上相呼应的硬纸笑脸图； 2. 老人接力将盆上带壳花生用筷子夹住，走到长桌上的笑脸图旁，然后将带壳花生黏在笑脸上，每个老人夹 2 颗，来回 4 趟，共同将笑脸拼好； 3. 每组老人拼好后，小组带着笑脸合照； 4. 向老人介绍这方面活动的益处，可以延伸到小组活动之外，比如剥东西，可以发动健康的老人参与后勤拣、剥食物的工作
10 分钟	1. 鼓励老人表达对 3 次活动的感受； 2. 我们反思前 3 次活动，从而在后 3 次活动中能够更好地满足老人们的需求	第三站："分享岛"（关灯） 1. 让老人表达对前 3 次参加活动的感受，并提出对接下来活动的希望； 2. 采用 PPT 照片滚动播放的形式，随机停止某一位老人的照片，然后让这位随机抽中的老人发言； 3. 看时间，把控发言时间

第四次活动　分享老照片的故事

日期及整节活动时间：2012年4月25日9：30—10：30

活动地点：杭州市第二福利院

活动时间	目标	内容	备注
3分钟	以照片展示的方式回顾上一节活动精彩片段（通过展示上节活动的照片，唤起老人们对上节活动的记忆）	照片展示搭配主持人讲解	1. 提前做好PPT照片展示； 2. 主持人想好串联词
2分钟	为之后进行的主题活动——"老照片的故事"做好铺垫和准备	分组活动 通过老人们"1，2，3，4"的报数活动，将老人分成3个组，每组4人，并要求小组进行短暂的交流，排好老照片故事讲述的顺序	—
10分钟	加强老人之间的联系，通过相互沟通来了解彼此的往事，促进老人之间共同话题的产生	"分享老照片的故事"系列一 依照组与组的次序，向老人展示事先做好的一串照片，可以先让其他老人猜猜哪张照片属于第一组被选出的那个老人，然后由老人本人进行讲述； 3个组轮流进行	1. 事先要求老人准备好照片，并回忆一下自己的往事； 2. 组员提前收集老人照片，做成照片串； 3. 主持人控制时间（平均每张照片3分钟）
5分钟	促进老人与组员的沟通和交流，让老人也能融入我们，营造良好和谐的氛围	"穿插游戏"之一 播放由工作人员准备的有关我们班集体的短暂视频，由老人来猜想我们所进行的活动	事先准备好关于我们班集体活动的视频
10分钟	加强老人之间的联系，帮助其相互沟通	"分享老照片的故事"系列二 同系列一，按照次序，请每个组的第二个老人来讲有关老照片的故事	—
5分钟	活跃气氛	"穿插游戏"之二 智力问答 选择一些适合老年人的问题或者以连线的方式进行智力问答	尽量按老年人的智力特点来挑选题目

续表

活动时间	目标	内容	备注
10 分钟	加强老人之间的联系程度，帮助相互沟通	"分享老照片的故事"系列三 同系列二，按照次序，请每个组的第三个老人讲有关老照片的故事	—
5 分钟	活跃气氛	"穿插游戏"之二 智力问答 选择一些适合老年人的问题或者用连线的方式进行智力问答	—
10 分钟	加强老人之间的联系程度，帮助相互沟通	"分享老照片的故事"系列四 同系列三，按照次序，请每个组的第四个老人讲有关老照片的故事	—
5 分钟	总结、预告	总结并对下次活动进行预告	—

第五次活动　健康无价

日期及整节活动时间：2012 年 5 月 9 日 9：30—10：30

活动地点：社工服务中心

活动时间	目标	内容	备注
10 分钟	营造一种和谐的气氛	上一次活动回顾（关灯）	主持稿精彩一点，调动老人对上一次活动的回忆
10 分钟	1. 增进老人们之间的合作精神，增强彼此的默契程度； 2. 培养老人的沟通合作能力	"默契报数" 1. 谁都可以开始； 2. 同一个人不可连续重复报数； 3. 成员间不可以沟通、提醒、暗示或使眼色； 4. 若有两人同时或多人共同报数，则重来； 5. 以不超过 30 分钟为原则； 5. 每组 5~15 人	操作步骤 1. 先向老人介绍游戏规则，如果个别老人不能理解，请结对子的同学从旁解释； 2. 事先在 PPT 上列出所要报的数字； 3. 让老人围成一个圈，开始游戏

续表

活动时间	目标	内容	备注
30分钟	1. 让老人们认识到自己在晚年真正重视的东西，确立一个健康的心态，把握时间，珍惜他们所珍惜的，追求他们要追求的； 2. 通过老人分享自己的感受，让其他老人和我们小组成员都有所思考，珍惜现在，把握将来	"拍卖我的晚年" 1. 每个人都拥有1万元，进入价值商场，每种价值基本底价为1000元，价值有 a. 健康 b. 老伴儿 c. 子女 d. 青春 e. 金钱 f. 社会地位 g. 和家人一起吃晚餐 h. 爱心志愿者服务社会； 2. 所有成员一起竞拍，每次加价1000元； 3. 讨论分享	1. 准备8张写有价值的纸张； 2. 主持人引领的问题： A. 哪一样你最想买，有没有买到，若没有买到，为什么； B. 有没有买到你不想要的，为什么； C. 为什么你什么也没有买到； D. 为什么你花那么多钱买一样
20分钟	1. 锻炼老人的动手能力； 2. 增进老人之间的感情，体验到在活动过程中的快乐及收到祝福的温暖	"折纸游戏——爱的回报" 1. 发给每位老人一张纸和一张小纸条； 2. 用大纸教他们折百合； 3. 折完百合之后每位老人在小纸条上写上一句祝福语，如"祝你天天开心、身体健康"之类的，黏在百合上； 4. 将所有老人的百合收起来，打乱顺序，让他们抽百合，作为礼物赠送给老人	1. 准备彩色纸2张，分别裁成正方形状的大纸和条状的小纸条，各25张，留足备用纸张和纸条，准备笔； 2. PPT上展示折纸的步骤和图片讲解； 3. 事先让结对子同学学会折法，帮助老人一起完成百合的制作

附1：备用游戏——"猴子卖桃"

游戏规则：

1. 随机将老人们分成两组，根据目前老人男女比例，每组要求4个奶奶，3个爷爷，如果人数不足，由我们同学补齐。

2. 每个奶奶代表一元钱的桃，爷爷代表五毛钱的桃。当主持人报出任意一个钱数时，组员自行协调组成相对应的钱数。如两元五毛——分别由3个爷爷，1个奶奶组成；也可以由2个奶奶，1个爷爷组成。

第六节 舞动生活

日期及整节活动时间：2012年5月23日9：30—10：30

活动地点：杭州市第二福利院会议室

活动时间	目标	内容	备注
5分钟	引出本次活动的主题	开场简介、内容回顾	
5分钟	重温5次活动以来的内容	看视频	视频制作
10分钟	热身，活跃气氛，并考验老人们的反应力	小游戏——凤凰飞（见附2）	1. 流程见附2； 2. 考虑到有些老人可能会不喜欢做头部伸缩等动作，做应对策略
15分钟	强身健体，增加活动娱乐性，提升老人们参与活动的积极性	跳舞（适合老年人的舞蹈，如三步）	1. 事先准备音乐、编舞； 2. 同学们可以和老人一起跳，也可以在一旁唱歌，有些不喜欢跳舞或行动不便的老人也可以跟着音乐唱歌； 3. 观察老人，若其感觉时间太久，显得疲劳，要及时结束这一环节
15分钟	分享感受； 制作回忆墙	1. 让老人们分享本次的感受，也可以是这6次活动的综合感受； 2. 在回顾过程中，鼓励每一位老人和同学在N次贴中简要写下或画出感想或心情，最后一起贴到回忆墙上	1. 可以配音乐； 2. 回忆墙采用海报纸形式，事先制作完
5分钟	整个系列活动成果反馈	填写问卷	同学在老人旁，以便做相应解释工作
5分钟	结束6次活动，并留下纪念	结束语（外加合照）；与老人们一一拥抱	准备相机

附2："凤凰飞"

大家坐成一圈（也可按照当时会议室的座位来），圈中的每个人有一个数字号，从1开始，比如有12个人玩游戏，1号凤凰的左边是2号凤凰，2

号凤凰的左边是 3 号凤凰，一直到 12 号凤凰的左边是 1 号凤凰。

这时一个人可以任意叫几号凤凰飞，比如 1 号说 5 号凤凰飞，听到叫喊后代表 5 号凤凰的人"两手放在左右的人的肩上，同时伸缩头，左边的人上下摆动左手做飞的样子，右边的人上下摆动右手做飞的样子"，5 号一边做一边叫"5 号凤凰飞，5 号凤凰飞，5 号凤凰飞完×号凤凰飞"。这时凤凰就开始伸缩头和叫"×号凤凰飞，×号凤凰飞，×号凤凰飞完×号凤凰飞"。他左右边的人同时出左右手配合活动。

案例评析

本次活动策划的优点是：第一，小组工作活动的设计建立在前期的需求评估基础之上，并根据过程评估对活动方案进行了调整，方案设计具有弹性；第二，根据小组的总目标设定的每节活动各有主题和目标，使六节活动自成一体又有机联系；第三，活动方案策划基于生态系统理论注重老年人同伴支持系统的构建；第四，具体活动设计上，在综合评估老年人生理、心理、社会适应性变化的基础上，总体上通过合作而非竞争的形式让老人"动"起来，如个体的动——手指操、猜字谜、缅怀往事等，同伴之间的互动——笑脸拼盘、交际舞、健康知识的分享等。从规范上看小组活动策划和开展过程中仍然有不足之处：第一是活动的设计以小组工作者为主导，服务对象（老人）参与较少；第二是小组活动过程中工作者始终处于主导地位，小组发展的过程不明显；第三是组员的同质性不强，影响成员之间的互动并对个别老人造成压力。

"生命不朽"老年人活动小组

指导与评析：郑 蓉　张祥晶
小组组员：姜倩茹（组长）　黄玮嫒（副组长）
　　　　　张魁兴　刘倩　孔立洋　高思文
　　　　　朱雯婷　张晶　许奕慧　毛若馨
　　　　　葛颖颖　史歌萌　付美洁　林文滨
　　　　　买吾拉
实施机构：杭州师范大学政治与社会学院社会
　　　　　学系

一　小组名称和性质

小组名称："生命不朽"老年人活动小组
小组性质：发展性小组

二 小组设计理念

根据马斯洛的需要层次理论，每个人都有精神上和物质上的需求，而这些老人们通过一生的奋斗，物质生活基本富足，而精神需求往往得不到满足。每个人都有价值，参加活动的老年人，不管其籍贯、性别、年龄或者家庭背景等如何，每个人都是平等的，都拥有一定价值，而且也有感受自我价值感的需要及权利。年龄的增长是一个客观的、不容改变的现实，这是人成长的必经过程，人在年轻时为社会奉献力量，促进人类的进步，而当他们渐渐老去的时候，社会应该以一颗反哺之心来为老年人的晚年生活创造一个和谐、愉悦的环境。每个人都是有力量的，有能力改变自己的生活状况，即便是老年人，或许在身体状况上他们并不如青年时强壮，但是通过一系列的活动设计，我们相信老年人有能力在晚年实现自我价值。

三 小组理论架构

社会活动理论认为，社会活动是生活的基础，人们对生活的满意度与社会活动紧密联系在一起，社会活动是老年人认识自我、获得社会角色、寻找生活意义的主要途径。老年期是中年期的延续，老年人依然有能力和愿望参加各种社会活动。在老年期，社会和个人的关系本质变化并不大。

1. 凯文的活动理论认为，活动水平高的老年人比活动水平低的老年人更容易对生活感到满意，并更能适应社会。因此，老年人应当尽可能多地参加各种各样的活动，只有多方参与生理、心理和社会等方面的活动，才能保持活力，更好地促进老年人生理、心理和社会等方面的进步。现实的情况是：许多老年人想有所作为而苦于没有机会；一些老年人因退出社会主流生活而导致老年抑郁症；有些老年人因枯坐家中、无人交谈而提前脑退化。现代医学证明，勤于用脑的人比懒于用脑的人脑力活动能力退化的速度要缓慢得多，较少说话的老人比常有人陪伴的老人更容易患老年痴呆症。因此，让老年人保持较高的活动参与率，积极参与社会生活，对防止老年人大脑退化具有毋庸置疑的作用。

2. 根据符号互动理论，人们是在自己所处的社会环境中，通过与他人的交往获得自我概念的。所以，我们应该尽可能地让老年人在他们的交往中获得自我概念。随着核心家庭和双职工家庭的增多，快速的生活节奏、沉重的竞争压力使子女很难抽出更多的时间陪伴老人，社工应该鼓励老年人自我调适、积极投身社会生活获得自我认同，而不是独处一隅。

四　目标及目的

1. 目标

首先要让生活在福利院中的老人感受来自后代的关心和爱戴，以及福利院的工作人员的肯定和感谢，使他们感受快乐和自尊，进而使生理上难免有些缺陷的老人能够体会到自我价值感，在晚年生活中寻找价值、体验价值，感受生命的价值后能再为社会做出自己的一点贡献，或者可以在大家的帮助和努力下完成自己的心愿。

2. 目的

（1）通过调动老人之间交流和分享的积极性，帮助他们初步建立关系，为老人在福利院生活建立支持系统发挥作用。

（2）通过带动老人们参与活动，使老人体验老有所乐、老有所得，发挥他们的潜能，充分体现"长寿而活得精彩"的宗旨。

（3）通过小组内老人的往事回忆，让老人们了解他们曾经为家庭、对社会做出了巨大的贡献，并通过老幼结对子等形式帮助老人增强自信。

五　小组活动的时间和地点

1. 时间：2014年3月至6月，每周开展一次活动，每次活动1小时

（9：30—10：30），共6节活动，每3周开展一次反思活动。

2. 地点：杭州市第二福利院会议室。

六　组员招募

面向杭州市第二福利院有参军经历的休养人员公开招募，主要形式有：在院内张贴宣传招募海报；请社会工作服务中心的工作人员协助宣传；向老年人发出邀请。再根据老人的身体状况、兴趣爱好、活动能力、性别等确定6~8位老人为小组成员。

七　评估方法

过程评估在每次活动结束后，采取由主持人同小组成员交流的形式进行。结果评估设计评估表，从主持人和小组成员两个方面对小组目标的实现程度、小组成员的参与情况及收获、主持人技巧等进行综合评价。

八　所需物质及经费预算

表1　小组活动所需物质及经费预算

所需物资	小计（元）
卡片×50	50
彩色笔×10	20
贺卡×8	50
小盆栽×8	120
洗照片×24	50
纪念册×10	300
便利贴×10	10
合计	600

九 小组活动

第一节活动 认识你我他

日期及整节活动时间：2014年3月28日 14：15—15：15

活动地点：杭州市第二福利院会议室

活动时间	目标	内容	所需物资
10分钟	给老人一个活动筋骨的机会，活跃气氛	1. 主持人开场 2. 游戏热身——"天气预报" 玩法：主持人播报天气情况，说"晴天"时所有人要开心地笑，说"阴天"时所有人要拍大腿，等等	—
10分钟	让老人认识我们并了解整个活动的安排	学生自我介绍，活动整体介绍	—
10分钟	以游戏的方式让学生与老人产生固定的关系，结好对子有助于以后的联系，然后与老人进行深入交流	游戏环节——"结对子" 每个人抽取一张事先准备好的卡片，然后去寻找与自己匹配的卡片	卡片若干，彩色笔1桶
15分钟	老人相互了解	老人互相之间进行自我介绍，介绍各自的兴趣爱好等	—
5分钟	唱歌时老人可以暂时休息一下	合唱《游击队之歌》	—
10分钟	了解老人的想法	主持人总结本次活动，邀请各位老人表达参与活动的心情以及接下来的需求或期待	—

第二节活动 说出你的故事（一）

日期及整节活动时间：2014年4月4日 14：15—15：15

活动地点：杭州市第二福利院会议室

活动时间	目标	内容	所需物资
5分钟	暖场	"健康操"	—
15分钟	唤起回忆，进入角色	"唱红歌" 主持人播放歌曲，老人举手抢答歌曲名，并且唱出这首歌的其中一句	—

续表

活动时间	目标	内容	所需物资
30分钟	追忆过去	"时间都去哪儿了" 上次没有发言的老人，讲述自己曾经印象深刻的经历，并且可以展示自己的物品（照片、勋章等）	给每位老人准备一个小盆栽作为礼物
10分钟	总结	主持人总结本次活动并交代下次活动的主要内容	—

第三节活动　说出你的故事（二）

活动时间：2014年4月11日14：15—15：15

活动地点：杭州市第二福利院会议室

活动时间	目标	内容	所需物资
5分钟	暖场	"健康操"	—
15分钟	唤起回忆，进入角色	"唱红歌" 主持人播放歌曲，老人举手抢答歌曲名，并且唱出这首歌的其中一句	—
30分钟	追忆过去	"时间都去哪儿了" 两次活动后仍没有发言的老人，讲述自己曾经印象深刻的经历，并且可以展示自己的物品（照片、勋章等）	—
10分钟	总结	主持人总结本次活动并交代下次活动的主要内容	—

第四节活动　感受价值

日期及整节活动时间：2014年5月2日14：15—15：15

活动地点：杭州市第二福利院会议室

活动时间	目标	内容	所需物资
10分钟	活动手指筋骨，为下面的活动做准备	"手指操"	准备视频

续表

活动时间	目标	内容	所需物资
20 分钟	体现手的价值	手工折纸（结对子的学生注意提供帮助以及适当的鼓励）： 1. 孔雀； 2. 青蛙	准备彩色纸，剪刀，笔
20 分钟	使老人明白生命是不朽的，生命的价值没有大小之分	以老年人为主，学生为辅，自由讨论老人现在以及今后的价值， 主要切入点： 1. 老人有丰富的生活经验； 2. 老人有积极的人生态度	—
10 分钟	活动结尾	主持人总结（家有一老，如有一宝）	—

第五节活动　感恩的心

日期及整节活动时间：2014 年 5 月 9 日 14：15—15：15

活动地点：杭州市第二福利院会议室

活动时间	目标	内容	所需物资
10 分钟	给老人一个活动筋骨的机会，活跃气氛	游戏热身——"健身操"	—
5 分钟	通过照片的放映让大家知道美好生活来之不易	放映老照片和体现现代美好生活的照片	照片（可以由老人提供）
15 分钟	让老人明白，作为后代，我们很感恩他们为美好生活所做出的巨大贡献	学生赠送亲手制作的感恩卡并真诚地说出感谢语，老人说感受	感恩卡
15 分钟	让老人明白作为福利院的一分子，他们的配合是对工作人员莫大的帮助（开心生活，保重身体，让子女安心工作，参与社区建设，献言献策等）	放映事先拍好的视频，老人说感受； 老人自由讨论在今后平凡的生活中如何继续发挥余热	视频制作的材料（老人与工作人员的生活合影，工作人员或护工的视频）
15 分钟	总结	主持人总结本次活动，大家表达感受	—

第六节活动　畅想未来

日期及整节活动时间：2014年5月16日 14：15—15：15

活动地点：杭州市第二福利院会议室

活动时间	目标	内容	所需物资
5分钟	开场	主持人开场	—
5分钟	回顾前5次活动	放一段由前5次活动录像剪辑制作成的视频	
20分钟	让老人了解别人眼中的自己，并看到自己的优点；加深老人之间的了解，为后面的社会支持网络建立奠定基础	老人围圈坐，通过击鼓传花游戏来选择受点评的老人，再进行"优点轰炸"，让每位老人都得到其他人的点评	
20分钟	活动反馈，并让老人对生活重拾信心	老人谈谈对几次活动的看法，并谈谈对以后生活的期望；学生配合将其愿望写下，并贴在心愿树上	心愿树，便利贴
10分钟	总结	主持人对这6次活动进行总结，然后合影留念，送纪念册	纪念册

案例评析

　　本次小组活动策划及实施的优点是：第一，小组成员都曾经参过军，相似的生活经历便于组员之间的互动；第二，活动方案策划基于需求评估，并根据过程评估进行了动态调整，方案本身富有弹性；第三，活动方案总体上依据成功老化理论，注重益智性、运动性活动的运用，同样融入音乐治疗元素——唱红歌；第四，活动设计上，依据老年人近期和当前记忆受损、远期记忆保持的变化规律，大量使用了缅怀往事技巧，深受老人欢迎；第五，在活动实施过程中，小组过程节奏慢，组员能够充分消化获取的信息。从规范上看小组活动策划和开展过程中仍然有不足之处：第一是前期的需求评估不充分，组员之间个体能力差异过大，影响小组整体工作进程；第二是工作者始终处于中心位置，对小组的带动作用过强，组员之间没有形成有效的支持关系；第三是个别活动不适合精细动作不太灵敏的组员，并使组员产生了挫折感。

"心灵之约"空巢老人服务小组

指导与评析：张　超
工 作 人 员：社工121班　李哲岚　丁一玲
　　　　　　潘潇洋　吴俊力
实 施 机 构：杭州师范大学社会学系
　　　　　　杭州市西湖区北山街道

一　小组服务背景

随着社会的不断发展，老龄化问题在我国日益浮现出来，而空巢老人又是老年人群体中更加需要得到重视的一类人群。当子女由于工作、学习、结婚等原因离家以后，独守空巢的老人心理难以得到合理调适，引发了生理、心理等方面的一系列问题。在此情况下，老年医疗保健和精神卫生问题显得尤为重要。空巢老人具有以下三方面较为普遍的问题。

1. 生理上的变化。老人处于人老化过程中的重要阶段，在这一阶段，皮肤、毛发、指甲、神经系统、心血管系统、骨骼系统等会慢慢走向衰老。身体的衰老不会被视为病理现象，正常的衰老过程也不会被看成疾病，但是年老体弱、无人赡养、就医困难、生活缺乏照料等问题必须得到重视。

2. 从心理方面来说，孤独寂寞、对儿女的思念让老人缺乏精神慰藉。社会上针对老年人的电视节目少，社区健身娱乐设施和服务不足，这些都会导致老人的精神生活贫乏，同时空巢老人社会活动减少，子女的关怀不够，精神上面临很大的压力。

3. 伴随心理以及生理上的变化，空巢老人在社会生活方面也会发生一些比较大的改变，主要表现为参与社会生活的途径、方式发生变化，认知功能、智力水平和社会行动能力在变老的过程中会出现不同程度的下降。

针对空巢老人存在的这些问题，我们计划通过组建空巢老人服务小组的方式，重点针对空巢老人的精神慰藉问题，运用小组方法帮助面对类似问题或有共同需要的老人建立支援网络，并使老人从相互支持中得到更大的信心去改善现状；通过组内成员的活动对其加深了解，找到共同点，寻求一起解决的办法与对策；通过支持与鼓励式的沟通与交流有效地增强他们的自信心，提高空巢老人的生活质量。

二　小组服务主要理论

凯文的活动理论认为，社会活动是老年人认识自我、获得社会角色、寻求生活意义的主要途径。老年期是中年期的延续，老年人依旧有能力和愿望参加各种社会活动。活动水平高的老年人比活动水平低的老年人更容易对生活感到满意并更能适应社会。此理论主张老年人应该通过新的参与、新的角色来改善其由于社会角色中断所引发的情绪低落，在新的社会参与中重新认识自我，从而把自身与社会的距离降低最低限度。我们开展老人服务小组，也是期望让老人在参与活动过程中找到自信，丰富自己的晚年生活，在与其他老人的交流互动中扩大交际范围，减轻孤独感。

生命回顾理论强调通过老人口述其过去的历史事件,经由协助或解释,整理过去,协助老人接受自己的有限生命,从中寻找正向意义,并肯定自己的努力。在小组中社工通过引导老人重温生命过程,可以帮助老人处理一些在早期生活经历中还没有妥善处理的问题,从而解开长期的心结。我们也可以通过生命回顾过程帮助老人获得满足感并让他们接受生活,同时帮助他们有建设性地善用余下的时间、做好未来生活规划。

三 小组目标

1. 扩展老人的交往领域,完善老人社会支持网络。

2. 提高老人的自我心理调适能力,激发和培养老人的兴趣爱好,提高晚年生活质量。

3. 增强老人的存在感和自我价值感,减少"空巢感"。

四 服务对象

1. 资格:北山街道沿山河社区的空巢老人。

2. 特点:本人愿意参加,无认知障碍和沟通障碍,可自主行动。

五 小组特征

1. 性质:老人成长小组。

2. 节数:6节。

3. 日期:2014年2月至4月。

4. 具体时间:每周活动一次,每次活动60分钟左右。

5. 地点:沿山河社区老人活动室或户外。

6. 人数:13人左右。

7. 所需人手:社工(主持人)1名、工作人员或志愿者若干名(摄影、记录、发放礼品、协助老人)、社区医生1名。

六　招募办法

1. 于社区内张贴招募海报。
2. 由社区工作人员、楼道组长等电话或上门邀请。
3. 在社区活动中当面邀请老人。

七　总体活动规划

活动次数	活动主题	主要内容
第1次	相逢是缘	1. 工作人员和老人相互认识； 2. 介绍小组主要内容； 3. 收集老人意见
第2次	金色年华	1. 老人兴趣爱好分享； 2. 才艺展示； 3. 引导老人思考老年生活价值
第3次	记忆沙漏	1. 回忆以往幸福时光； 2. 检视当前生活困扰
第4次	健康加油	1. 健康经验分享； 2. 健康达人评选
第5次	心灵之桥	1. 学习自我心理调适方法； 2. 心理健康辅导
第6次	珍重再见	1. 总结分享； 2. 小组效果评估； 3. 告别留念

八 具体活动

第一次活动 相逢是缘

日期及整节活动时间：2月26日 14：30—15：40

目标	内容	所需物资
1. 相互认识； 2. 自我及家庭介绍，增进了解，增加信任； 3. 初步形成团体氛围，建立团体规范	喜相逢：工作人员自我介绍、介绍小组活动的目的和日程安排	话筒
	老人自我介绍（年龄、爱好、家人）；让老人看打电话的图片，请老人讲最想和哪位家人通话以及通话的内容	图片（打电话）
	与老人一起商量制定小组规范（指参加小组的基本规则，如按时参加、有事请假、不随意打断别人发言、尊重别人意见等）	纸笔
	征求老人意见及对后续小组活动的期望	—
	作业：准备一项才艺，下次活动展示	—

第二次活动 金色年华

日期及整节活动时间：3月5日 14：30—15：45

目标	内容	所需物资
1. 增加相互了解； 2. 引导老人思考晚年生活价值，珍惜现在，安排好晚年生活	老人才艺展示（没有展示才艺的老人谈观看体会）	电脑、音响、摄像机等设备
	分享才艺学习及观看感受，给参加才艺展示的老人发放奖品，给没有参加的老人发放小纪念品	毛巾、香皂等小奖品
	晚年价值拍卖 做法：工作者将晚年价值（健康长寿、金钱、儿女孝顺、老伴健在、兴趣爱好、有存在价值、朋友、受人尊重、良好心态）逐项拍卖（每人拥有10000元虚拟货币，每项价值都从1000元起拍，每次最少加价100元，价高者得） 活动后小组分享讨论：你买到的价值是你真的想要的吗？什么对你来说才是最重要的？	—
	小组讨论分享：如何展现老年生活的价值？	—
	作业：准备过去的有纪念意义的老照片或旧物品	—

第三次活动　记忆沙漏

日期及整节活动时间：3 月 12 日 14：30—15：30

目标	内容	所需物资
1. 分享过去的工作，开启生命回顾； 2. 回忆曾经的成功与快乐，肯定自己曾创造价值； 3. 从过去回到现在，努力经营好现在的晚年生活	简要回顾上两次活动的内容及收获	—
	热身活动——"工作猜猜看" 击鼓传花，小物件传到谁的手上，就请其他老人一起猜这名老人原来的工作（被猜老人或工作人员可给其他组员一定的提示）	音乐及"击鼓传花"小物件
	"老照片的回忆" 通过怀旧物品，鼓励组员回忆讲述一件自己在年轻时最成功，或带来快乐记忆的事情，并鼓励其他组员做出回应	组员自备旧物件或老照片
	视频歌曲《最美还是夕阳红》	多媒体设备、视频歌曲 MV
	讨论如何解决当前生活的困难，更好地经营晚年生活	—

第四次活动　健康加油

日期及整节活动时间：3 月 19 日 14：30—15：30

目标	内容	所需物资
1. 从老人们关注的健康问题入手，增进交流； 2. 借由健康话题，引导老人思考如何维护自己的心理健康	"跟我一起做" 带领老人们做手指操，随机选出组员表演，大家评选出做得快、做得好的组员获得一枚"健康达人"奖章	手指操视频，自制健康达人奖章若干
	健康讲座 请社区卫生院或养生协会的专家给大家讲老人健康之道，重点是如何维护自己的心理健康	多媒体设备
	"我的健康小诀窍" 老人们分享自己生活中积累的关于饮食、睡眠、运动锻炼、自我调适等方面的经验（如果有需要可以分发纸笔方便组员记录）	纸笔
	活动感受分享与小结	—

第五次活动 心灵之桥

日期及整节活动时间：3月26日 14：30—15：35

目标	内容	所需物资
1. 帮助老人找出自己对于"成功老化"的定义； 2. 帮助老人制订未来的生活规划，以减少对将来的忧虑和不安全感	观看情景剧《我的晚年生活》 由志愿者表演一段情景剧，展现一个老人在从一家人变成一个人的过程中，如何不断调整自己并开始丰富的晚年生活	—
	我的"成功老化"哲学： 在观看情景剧后，让老人们讨论"如何成功老化"（工作人员借由PPT介绍"成功老人"的定义及标准）	多媒体设备
	"我的未来规划" 让老人们分享将来的生活规划，社工加以引导	纸、笔
	活动感受分享与小结	—

第六次活动 珍重再见

日期及整节活动时间：4月2日 14：30—15：20

目标	内容	所需物资
1. 总结回顾小组历程； 2. 评估小组效果； 3. 处理未尽事宜	观看视频，回顾整个小组活动历程	小组活动视频
	小组评估 让老人评价小组活动收获与不足	纸、笔、小组快速评估问卷
	社工总结	
	老友加油 老人相互之间送给每人一句话祝福	—
	珍重再见 合影留念；向老人们赠送事先准备好的小组活动纪念册	小组活动纪念册

九 小组效果评估方法

1. 每次活动结束后在工作人员的协助下由组员填写"小组活动效果评估表"。

2. 在小组最后一次活动中，在工作人员的协助下由组员完成一份评估问卷。

3. 由社工在小组实施过程进行观察及分析。

十　小组工作反思

此小组有两点值得进一步反思：第一，在老人小组中如何选择合适的"撤离"时间？老人由于自身特殊的身心特点，对活动的参与比较"慢热"，一旦进入状态以后，又对工作者和小组有较多的依赖，因此小组的结束需要相对放慢节奏，小组结束后的跟进工作需要重视并精心安排。第二，如何通过小组活动"聚焦"空巢老人的精神慰藉问题，更好地体现"心灵之约"的主题？这一点小组尚有提升空间。需要特别说明的是，我们在此小组结束之后，又在社区重点针对有需求的空巢老人开展了"蓝丝带"暖巢行动计划，由社工学生开展上门探访和陪聊服务，深受老人欢迎，这在一定程度上弥补了小组服务的不足。

案例评析

"心灵之约"空巢老人服务小组针对社区"空巢老人"表现出的孤寂、抑郁等空巢症状，运用活动理论和生命回顾理论，一方面让老人通过参与小组活动更好地认识自我、找到生活自信、减少孤独感，另一方面让老人通过重温生命过程反思生命的意义、做好晚年生活规划。小组前期通过上门探访、老人座谈会等方式了解服务对象需求，小组活动设计充分考虑老人的特点和需求，活动形式丰富，内容紧扣小组目标，简单易行，符合小组发展各阶段的特点，让老人在快乐参与中体会到了晚年生活的乐趣，并在互动分享和相互支持中重新审视自身的价值和晚年生活的意义。此小组有两点值得进一步完善之处：第一，小组活动过程中常有老人提出对于社区的意见和建议，需要我们活动后向社区为老人服务的工作人员转达，但老人不能当面得到反馈，因此今后在类似小组中可安排一个环节让老人与社区工作者面对面交流；第二，少数老人会有一些个性化问题在小组中无法通过集体活动解决，需要做好小组中的"个案工作"，在小组活动结束后继续进行个案服务。

第四编　社区社会工作

金色夕阳社区服务工作

指导与评析：王淑玲
工作人员：杨贵霞　王　薇　王美慧　吴　琰
实施机构：杭州市下马塍社区金色夕阳工作小组

一　小组基本情况

小组名称：社区居家养老服务组
小组类型：志愿者小组
小组对象：溪畔花园社区居民
组员来源：某政府单位离退休人员
小组活动时间：2014年1月至12月底
小组工作人员：社区责任网格管理人员

二　背景介绍

西溪街道溪畔社区的溪畔花园是浙江某政府单位教职员工宿舍楼，有

25幢住宅楼，常住居民592户，其中空巢老人家庭70户，户籍人口1886人，60~80岁老年人659人，80岁以上高龄老人170人，80岁以上老人占小区老年人总数的20.5%。这些老年人基本上有公费医疗，有离退休干部的医疗服务待遇，居民文化素养普遍较高，对生活、文化等精神品要求较高。

针对上述情况，为提高小区居民的生活质量，满足老年人精神文化和应急需要，特别是提高空巢、独居老年人的生活质量，社区社会工作服务团决定建立社区居家养老服务组，打造温馨和谐的社区环境。

三 问题及需求分析

（一）社区老年人的需求分析

1. 精神慰藉的需要。溪畔花园很多老年人的子女都不在身边，子女们有自己的工作和生活，很难经常探望父母。因而，很多老人无所事事，他们有大量空余的时间，且身体健康、精力旺盛，在力所能及的范围内发挥余热、老有所为、老有所学的需求十分突出。

2. 文体娱乐的需求。溪畔花园的老年人，他们普遍家庭生活条件较好，子女的条件相对来说也比较好。这些老年人年轻时忙于工作、学习，很少有时间享受生活。现在他们退休了，退休工资较高，吃穿不愁，大多数人想趁着现在精神还好，丰富、充实自己的生活。在现有的休闲娱乐活动中，老年人兴趣十分浓厚，做得比较多的有养花、唱歌、旅游等。

3. 参与社区工作的需求。这里的退休老年人多有一技之长，他们很需要参与社区工作，发挥自己的余热，并力所能及地帮助他人。

（二）社区老年人存在的主要问题分析

1. 子女亲情的需要与平日里子女走动较少的矛盾。溪畔花园退休老人的子女多受过良好的教育，有比较体面的工作，生活条件也比较好，且有自己的工作、生活，有些子女还远在外地，很难经常陪伴在老人身边。

2. 退休后空余时间增多与社会交往减少的矛盾。老人退休后回归家庭，一天24小时都属于自己，常会觉得无事可做，因而常常怀念工作时期的同伴，会觉得自己很孤独。

3. 邻里沟通交流的需求与小区封闭化管理的矛盾。现在溪畔花园小区实行24小时封闭化管理，每个单元都安装了监控电子门，改变了以往敞开式的居住环境，这在很大程度上影响了周围邻居的相互走动及探访，导致很多老人与周围邻居的沟通越来越少。

四　活动计划

（一）小组活动目的

1. 搭建好沟通的平台，让老年人实现自身的价值，发挥他们经验和智慧优势，满足老年人精神需求。

2. 实现"老有所养、老有所为、老有所乐"的目标。

3. 促进社区互帮互助的和谐氛围。

（二）小组活动计划

1. 社区居家养老服务组的组员都是溪畔花园自愿参加的离退休人员。通过社区居家养老服务组成员相互作用、相互影响来实现小组目标。社区工作者扮演着协调者和使能者的角色。

2. 分三个组同时进行——服务组、培训组和活动组。每组有3~10人。

3. 小组活动流程：社区居家养老服务组分组—根据活动目的策划活动方案—组织志愿者—实施活动—评估—结案及跟进。

4. 小组活动次数：活动时间随服务项目、内容具体而定，培训组由培训人员自定，服务组和活动组则灵活机动。

5. 小组活动时长：每次60~80分钟。

6. 小组活动时间：2014年1月至12月底。

五　小组活动实施

（一）成立社区居家养老服务组

该小区设有××物业管理处，自2010年有小区物管以来，一直没有楼组长，而这里的退休老人多是某政府单位的教职工，收入比较高，以往普遍认为"楼组长"不起眼，一直也没有选出楼组长。他们平常也不太愿意参加社区活动。随着自己年龄的增长，退休时间越来越长，参加互动活动的愿望越来越强烈。

在此背景下，社区工作者首先进行广泛的调查、摸底，了解小区居民愿望、特长、建议和意见；其次找出有威望、有热心的"领袖人物"，把意图建立居家养老服务组的目的、方案向他们传达；再次通过张贴宣传通知、召开座谈会等方式，进行广泛动员；最后在热心居民和领袖人物的帮助下，成立社区居家养老服务组。

（二）服务组分组并明确各组的活动目的

1. 日常生活服务小组：对独居、空巢、困难老人进行重点帮助，并告知小区老人相互帮助、多多走动、结交朋友。

2. 技能培训小组：根据老年人的需求，搭建平台，调动小组内各成员的特长，设立文化技能培训班，并经常性地开展沟通互评，提高居民的生活质量。

3. 社区活动小组：利用元宵节、中秋节等节假日，组织开展互帮、互娱的社区活动，以架起居民间相互联系的桥梁，促进居民相互沟通和交流，增进友谊。

（三）策划活动方案

1. 日常生活服务小组：对小区居民进行详细调查摸底，筛选出急需服务的对象，推出"助医""助行""菜篮子"等个性化服务。

2. 技能培训小组：成立兼职教师队伍，主要由退休教授、拥有特长的专业人士组成，为居民提供免费培训，包括面包制作培训、书法培训、绘画班等。

3. 活动组：调动有热心、有威望的社区领袖人物参与活动，参加如跳舞队、唱歌队、植树组、绿化栽培组等。

（四）小组活动的理论依据

1. 马斯洛的需要层次理论。依据马斯洛的理论，人类需要从低到高不断递进，低层次的需要满足了之后，就会产生高层次的需要，如从衣、食、住、行的基本生活需要，发展到人际交往、娱乐、学习、自我价值等需要。

2. 互动模式的实施原则。该模式重视小组中组员与小组和社会环境间的关系，通过个人、小组和社会系统之间的相互影响，达到增强小组内的个人和小组的社会功能的目的，并将重点集中于组员与组员间为满足共同需要所产生的互动过程。

（五）开展小组活动

1. 日常生活服务小组

对独居、空巢、困难老人进行重点帮助，每个小组成员都有固定的责任包干，一个人负责固定的楼幢，每一楼幢选出 2 位领袖人物，以方便信息的即时掌握。如 90 多岁的空巢独居老人朱某某，她无子无女，随着年龄的增长，日益衰弱，出行购物成了难题，该楼的退休阿姨董某某是一个热心人，社区动员她做该幢楼的楼组长，并委托她带领本楼的居民多多照顾朱奶奶。有次朱奶奶下楼时不慎扭伤了脚，其日常的基本生活成了问题，社区居家养老服务组对老人的生活做了协助安排及分工，同时发动社区里的老年人多多走动，给予力所能及的帮助，并在征得老人同意后雇用了一个住家保姆。

又如家住一楼的老人屋内冬日光照很差，生活服务小组就呼吁老人们进行楼层结对，如一楼的住户可以到三楼住户家中晒衣被，既解决了低层住房光照差的问题，又增加了老人相互走动、串门的机会。

2. 技能培训组

（1）舞蹈组

时间：每周三下午 3 点至 4 点。

人数：不限，要求有兴趣。

地点：某政府单位所属校区的操场。

培训方式：由社区第一党支部书记苏立宪执教，教大家个性化的民族舞、比较大众化的排舞。该舞蹈队参加了2014年的排舞吉尼斯大赛，并在西湖区企业退休人员排舞大赛中取得二等奖的好成绩。

（2）培训组。现在食品安全令人担忧，很多家庭改变了多年外出吃早点的习惯，纷纷开始自己做面包。而很多老年人对这些新生事物不太了解，社区就组织传授面点制作技巧。老人们学会了制作面包，掌握了不同口味的面包制作技能，并赠送给子女、亲朋，很是欢乐。

3. 活动组

如组织武夷山—厦门游。活动由热心老人阎洪英担任领队，2014年10月20日发团，居民自愿结伴参与。最后共有25人报名参加。在出行的五天中，老人们相互照顾、相互帮助，结下了深厚的友谊。

六 评估

对社区居家养老服务小组的评估，主要从三个方面进行，即活动目标的实现程度评估、活动过程评估、活动前后的比较评估。

1. 活动目标评估：通过调查摸底、组建、服务、培训和活动，不断增进和提高组织服务能力，组员共同活动、相互影响，感动了小区的服务对象和居民，得到居民们的认可。

2. 活动过程评估：在每一次小组活动中，只要每个成员都有快乐、满足的幸福体验，这个活动就是成功的。反之，则存有缺陷。

3. 比较评估：主要指活动前后的比较评估。通过调查汇总量表，对参加活动的成员前后表现进行评估，如参加活动后有明显的改善，就是有效果的小组活动。

通过社区居家养老服务组开展的系列活动，社区老年人的幸福感明显提升，子女们十分认同，社区之间形成了浓厚的"你帮、我帮、大家帮、互尊、互敬"的和谐氛围。因此，这一系列小组活动是比较成功的。

七 专业反思

社区居家养老服务组存在三个局限性。

1. 服务组是志愿、自发组织，没有专项的活动经费，所需经费多是组员自掏腰包。

2. 活动存在很多的风险，如活动中的人身安全问题等。

3. 由于是志愿组织，对组员的制约较难，也很难做到对服务质量进行跟踪，很大程度上影响了服务组织的长期化运作。

接下来，社区将根据这一现状，争取更多的政府部门、社会组织的支持，以将社区居家养老服务组深入、长久地开展下去。

案例评析

随着老龄化社会的到来，很多社区会出现老年人口集中的现象。而社会经济的不断发展，老年人在物质生活水平普遍提高的前提下，对精神生活的追求不断加大。社区作为老年人主要的生活场所，既肩负着保障、维护老年人物质生活的责任，也承担着丰富、优化老年人精神生活的义务。此案例即是社区为丰富身体健康的老年人的精神生活而做的一系列尝试、探索，具有较好的代表性。从案例报告中可以看到，社区工作人员从需求调查和问题分析入手，以培养社区领袖、带头人和鼓励、引导居民自治、互助的方式，实现"老有所为、老有所学、老有所乐"的活动目标，并从中取得了一定的成效。

但综观整个小组活动的运作及案例报告，仍存在很多需要探讨和改进的地方。首先，系列小组活动的目的不明确、目标不具体，这直接导致活动内容、活动流程、活动评估模糊，甚至稍显凌乱；其次，活动中缺少对组员主观能动性的关注和培养，这既可能导致老年人因参与感降低而失去继续参与的兴趣，造成小组活动无法继续进行，也有可能滋生组员的依赖性,从而违反社会工作的专业理念。

另外,如何保障小组活动的持续进行,这是一个很重要的问题。以本案例的"日常生活服务小组"为例,该组"对独居、空巢、困难老人进行重点帮助,每个小组成员都有固定的责任包干",这种模式非常好,是建构邻里支持系统、促成邻里资源共享的绝佳示范。但正如工作人员所言——"服务组是志愿、自发组织",我们用什么东西可以吸引每个小组成员认真、负责地完成自己的"责任包干"?他们的收获、收益或成就感由何而来?

"问渠哪得清如许,为有源头活水来。"这个"源头活水",正是当下社会工作在国内持续发展需做出的思考。为获益的人创设付出的机会,实现人力、脑力、情感等因素的循环接力,是每一位社会工作者及相关职能部门要去思考、实践、探索的问题。而联系本案例的服务对象——身体健康的老年人,社区在为他们提供"老有所乐、老有所学"的服务时,一定要强化"老有所为",以此激发、培养个体、小组的自我能力,以实现社会工作的助人自助、增能等理念。

居民参与化解社区物业失管项目

指导与评析：郑　蓉
工 作 人 员：高智慧
实 施 机 构：北干街道金泰苑社区

一　案例背景介绍

2012年7月1日，某单身公寓小区陷入没有物业管理的困境，楼道垃圾无人清理、电梯频频出现关人事件、高配房通风井渗水严重、小区安全无人保障、商铺装修无人监管，小区陷入一片混乱。前物业服务公司于2012年6月30日合同到期后，因公共设施设备大修费用没有着落、占面积1/3多的商铺物业费不能及时收缴、垫支水电费不能及时回收等原因不再续聘；通过多方努力仍找不到新的物业公司接替，业委会承受不住压力，于2012年7月2日集体辞职。该小区为50年产权的商住两用楼，由2幢高层组成，1~4层为商场，目前被12家餐饮企业和10家其他公司租用；5层以上为528户单身公寓，业主购买房子以投资为主，90%以上的房子都出租给外来人员居住。物业失管后，很多业主接到租客电话要求退房，业主的利益受到损害，纷纷投诉媒体并扬言要集体去区政府、信访办反映，希望政府出面协调解决小区失管问题。社区得知情况后决定介入。

二 案例分析

社区根据搜集到的资料，第一时间通过短信平台告知528户业主小区目前的情况，并根据该小区业主大多不住小区的实际情况，建立业主QQ群，告知业主尽快加群，发表自己的看法，社区及时在群里做出解释，并收集业主意见，了解业主最关心的问题。

1. 社区组织召开多次业主大会，面对面与到场的业主沟通造成目前状况的原因，并收集业主的意见和建议。最后社区归纳整理出业主们最关心的问题是：尽快解决遗留问题，招聘新的物业公司进驻小区，还小区一个整洁有序的环境。

2. 目前业委会集体辞职，要选聘新的物业公司，只有先改选业委会，然后对遗留问题进行责任划分，对公共设施设备的大修费用进行落实，才能最终解决问题。

三 服务计划

（一）服务目标

1. 总目标：防止发生过激行为，妥善化解小区失管危机。

2. 子目标：

（1）出台小区应急预案，稳定小区528户业主的情绪，避免事态进一步扩大而引发更大的群体性事件。

（2）物色居民领袖和骨干分子，引导居民走正当的维权道路。

（3）召开协调会，解决遗留问题，为选聘新的物业公司打好基础。

（二）服务策略

社区一方面立即把小区目前存在的安全隐患问题、物业公司不续聘原因、小区居民可能上访等情况上报给街道和相关职能部门，争取得到上级部门的支持；另一方面发动社区工作者密切关注事情发展，稳定业主，同时及时和街道、相关职能部门联系，做好紧急预案。在有限的时间内快速有效地解决业主的困扰，包括迅速了解业主的主要问题、快速做出危险性判断，有效稳定居民的情绪，为居民找到希望，提供支持，从而化解危机。

四 服务实施过程

（一）采集信息

采用社区接待、居民走访、业主大会等多种形式，采集居民的意见和建议，并归类和汇总。收集资料的内容包括①居民的基本资料、②小区目前存在的问题、③相关政策法规、④居民情绪和反映集中的问题、⑤重点人物的情绪和动向、⑥小区QQ群的网络舆情。根据小区前物业公司提供的信息和社区走访情况，觉得目前小区最大的问题是安全隐患。

1. 高配房存在安全隐患。与高配房相邻的通风井渗水严重，已经影响到了高配房，如果碰到大雨天气，渗水情况会更严重。前物业公司在开发商维修不到位的情况下，采取的做法是指定一名电工，随时监管通风井的渗水情况，及时用水泵抽取通风井坑道里的水。现在物业撤出，通风井无人监管，如果里面的水倒灌进高配房，存在严重的安全隐患。

2. 消防、监控、电梯等公共设施设备老化，没有物业维修基金支持，不能及时更新。因为历史原因，该小区两幢大楼在交房时没有扣除维修基金，使小区的公共设施设备不能得到及时维修和更新。目前5台监控电脑全部瘫痪，监控摄像不完善，无法实现技防，给小区造成很大的安全隐患；4台电梯运行轿厢晃动大、曳引轮磨损严重，急需维修，根据维保单位2012年的报价需16万元。但因为维修资金无法落实，一直没有跟进。在没有物业公司的前提下，电梯一直在运行，如果发生意外，不能第一时间得到处理。

（二）稳定情绪

社区在走访和与业主沟通的过程中，感到业主们的情绪比较激动，扬言要集体去区政府和信访局反映问题,并希望媒体介入扩大影响,期望能引起政府的重视。社区在业主QQ群和两次业主大会上明确告知业主,现在小区最紧急的事情是尽快选聘新的物业公司,接管小区,让小区尽快回归正常。选聘新的物业公司前,必须对遗留问题有个解决方案,这需要政府及职能部门的支持。为此,社区建议尽快改选小区业委会,由业委会牵头,整理出希望政府及职能部门协调解决的问题,合理合法进行上访。业主们听了社区的建议后,表示认可,情绪得到了缓解。在接下来的时间里,社区积极协助小区改选筹备组、成立业委会,并指导筹备组进行改选工作,一个月后,新的业委会成立,小区业主们感到又有了自己的合法组织,情绪得到进一步释放。

（三）积极协助解决当前问题

1. 出台应急预案,让小区秩序问题有所缓解。针对目前小区楼道垃圾无人清理、电梯频频出现关人事件、小区安全无人保障的混乱现象,社区出台应急预案,对小区环境卫生、安全保障落实专人负责,缓解小区混乱的秩序。

2. 积极向区政府反映,争取支持。业委会成立后,社区指导业委会对小区问题进行整理,通过正常途径向区信访办反映,并争取到了向区长面对面反映的机会,得到了区长的支持。

3. 积极组织召开协调会,落实遗留问题责任归属。社区组织专业人员对小区遗留问题进行了排查,在2012年7月31日召开由建设局、街道、开发商、前物业公司、业委会等单位参加的协调会,对遗留问题进行了责任划分,并形成会议纪要,为下家物业公司的进驻打下了良好的基础。

4. 协助业委会招聘新的物业公司。明确业委会的工作职责,积极协助业委会选聘新的物业公司,并告知注意事项,使业委会顺利聘请到新的物业公司。

四 解除危机

业委会成立后,先后有4家物业公司联系业委会,表示有意入驻小区,业委会经过多次商谈和比较，2012年9月1日，其中一家物业公司正式进驻小区。在回访的过程中，小区业主对事件的处理普遍感到满意。

五 结案

通过前后两个多月时间的介入，对照预估时订立的目标，小区业委会运作良好，新的物业公司已经进驻小区开展工作，小区居民的过激情绪得以平复，生活回归正常。目标已基本实现，可结案，并对此案例进行跟进。

六 案例评估

通过两个月的努力，虽然充满了艰辛，但取得了较好的效果，达到了预期的目标。

（一）化解了群体性事件的发生

社区的及时介入让一起群体性事件得到了妥善解决。这些业主大多为投资商，原先感觉自己与社区的关系不大，通过这件事情，社区的认同感得到了提升，业主的法律意识得到了加强。很多业主表示，只有合理合法上访才是解决问题的有效途径。

（二）展现了社工的专业能力

社工运用社会工作实务的危机介入模式和社会工作的基本技巧，及时疏导业主的情绪。社工在这次事件中发挥了组织者、咨询者、宣传者和牵线搭桥者的作用，使这起事件朝着既定的目标一步一步实现。

（三）建立了业主有序参与的途径

通过建立QQ群、召开业主大会等形式，社区发掘和培养了一批业主领袖，并通过他们与业主建立有效的沟通平台，让相关群体积极参加到决策和行动中来，并享受到满意的结果。

七 专业反思

小区的物业管理，既是市场经济条件下居民群众一种新型的消费形式，也是城市建设和社区建设不可分割的基础性环节。物业管理的水平直接影响居民的生活水平和社会的稳定。

从这个案例可以看到，开发商逃避责任、物业公司缺少监督、业委会不够专业是导致小区失管的主要原因，如何减少类似事件的再次发生，有三点反思。

对于开发商，要加强对其开发楼盘的售后服务的制约。一是要提交一定比例的楼盘维修保证金，确保维保期内项目维修的资金；二是要对开发商退出市场有一定的制约，目前一些小规模的开发商，等开发的楼盘售完后，就想办法注销企业，逃避遗留问题，建议相关部门在注销前要对这些房企开发的楼盘进行调查，确保无遗留问题后才能注销。

对于物业公司，一是政府要加大扶持力度，物业服务企业是与老百姓日常生活关系最密切的服务企业，企业服务的好坏直接影响到居民的幸福指数，建议政府要加大对物业服务企业的扶持力度，在税收、财政补助、政策方面予以倾斜，并出台奖励机制，使那些口碑好、有品牌的物业服务企业做大做强，在这些物业公司接收一些老旧小区时，给予一定比例的补助和奖励，使它们乐于接管。二是要多方合作，加强对物业服务企业的监督，由主管部门牵头，联合街道、社区、业委会等单位，每年开展一次对物业服务企业的满意度调查，作为政府补贴额度、企业资质升级的必要条件；要求其提交一定比例的物业保障金，确保其履行物业服务合同，到年底以物业费收缴率为依据，按比例结算；通过政府扶持和多方监督，培育一批负责任、有担当的品牌物业企业，为和谐社会的建设提供保障。

业委会是由全体业主选举产生的自治组织，成员都是义务履行职责，在履职过程中往往因缺少相关的专业知识而好心办了坏事，严重挫伤了成员的积极性，所以建议主管部门要加强日常的培训工作，提高业委会成员的专业知识和合法维权水平。在业委会成员的推荐过程中，要合理引导业主把有责任心、有奉献精神和有一定影响力的人推荐出来，担任业委会成员，发挥连结物业服务公司与业主的桥梁纽带作用，让小区保持一个良好的生活环境。

案例评析

小区的物业管理是市场经济条件下居民群众一种新型的消费形式，伴随着城市社区改革的不断深入，如何很好地处理物业公司、业委会、开发商三者之间的关系，成为摆在我们面前的新课题。该案例的成功之处主要表现在以下四个方面。

1. 充分发挥了社区在构建和谐社区中的维稳作用。党的十八大报告第一次把社区治理写入党的纲领性文件。党的十八届三中全会又进一步指出："建立健全居民、村民监督机制，促进群众在城乡社区治理、基层公共事务和公益事业中依法自我管理、自我服务、自我教育、自我监督。"经过十多年的社区建设，我国的社区组织体系日益完善，已经成为维护社会稳定，构建和谐社会的重要力量。本案例中，社区居民并没有直接求助于社工，是社工主动介入的，社工作为最基层为居民服务的专业人员，在当时这样的状况下，他们认为有责任帮助居民解决困难。

2. 社工对居民的需求做了较好的评估分析，角色定位准确。在进行了大量调查、收集了许多一线资料的基础上，社工对本案例中居民的需要做了深入的分析，并在这次事件中很好地充当了组织者、咨询者、宣传者和中介者的角色，最后一步一步实现了既定的目标。

3. 很好地运用了社会工作的危机介入、情绪疏导、培养居民领袖与骨干等专业理念和方法。

4. 居民的积极参与是问题最终得以解决的关键。在整个案例的解决过程中，社工始终让居民作为整个事件的主角，充分调动居民参与事件的解决，从新的业委会成立到选聘新的物业公司，所有的解决过程都是居民自决的。

下面两方面需要注意。

1. 社区平时与业委会的沟通不及时，指导不够。如果社区在物业公司退出前就能够介入案例,问题的解决就不会那么被动,业主的利益损失会更小。

2. 可以借此事件成立社区问题关注组,并将社区问题关注组制度化,定期召开会议,讨论社区问题。

爱心集市大型广场便民服务项目

指导与评析：郑　蓉
工 作 人 员：韩佳莉（助理社会工作师）
实 施 机 构：萧山区闻堰街道闻江社区

一　案例背景

（一）社区概况

闻堰街道闻江社区自2011年6月开始筹建，于2012年4月29日正式挂牌成立。小区由戈雅公寓和郁金香岸两个楼盘（沿江景观房产）组成，属于商品住宅区，小区内环境优美，面积共有665亩。

小区范围东至万达路、南至老轮渡码头、西至钱塘江江堤，北至半爿山，地处闻堰街道的最西北部，北部与滨江区浦沿街道相近。

（二）小区人口结构

小区总户数4232户，现已入住2300余户，其中常住户1870户左右，有 400 多户流动性较强，非定期居住。常住人口 7500 余人，其中户籍人口仅 800 余人。社区居民结构复杂，来自五湖四海，普遍受教育程度高，经济收入稳定。工作与生活重心绝大多数在杭州。居民户以四口、五口之家居多（夫妻、父母、孩子）。此外，还陆续有新的居民入住进来，小区人口在不断壮大中。

（三）存在问题

作为新社区，成立时间不长，为了提高知晓度和影响力，社区也搞过不少活动（每年的大型中秋晚会活动、百家宴活动、"六一"亲子游园活动、海豚计划等），由于活动宣传范围、方式、小区入住率等因素的影响，有些居民对社区的了解不深，对社区活动的参与积极性有待加强，居民对社区的认同度及归属感需提升。

二 社区问题与需求分析

社区社会工作者的服务对象是居住在本小区范围内的居民。作为一个新社区，特殊性在于：其一，随着入住率的提高，小区人口不断提升，居民对社区的意识有待加强；其二，居民间的交流缺乏，邻里关系需增进，以构建和谐社区。因此，要继续开展有效的活动项目，借此进一步提高社区的凝聚力和影响力，增强居民的归属感，这要在满足居民需求上下功夫。

社区社会工作者通过入户走访，面对面与居民接触交流，归纳了社区的三个主要需求。

1. 感觉性需求

购房的绝大多数居民工作生活重心在杭州，不是很关心社区公共事务，对社区缺乏一定的认同感和归属感。主要原因是部分居民入住时间不长，对社区不够熟悉，不了解社区是什么，社区居委会是干什么的，哪些事该找社区，社区能帮助他们办理什么事情。交流中部分居民以为社区仅仅能办老年卡、开证明、办准生证等事务，有不少居民提出要了解社区的功能、相关事项办理流程及一些与他们自身利益相关的政策。

2. 表达性需求

小区属于新建楼盘，购房的居民家庭物质条件普遍较好，对精神文化生活有一定的需求。但人与人之间的联系相对较少，大家关起门来过日子，相互间的熟悉度不高。同时，小区内有许多文化爱好者，希望有丰富的活动，并也在自发组织中活动。

3. 比较性需求

居民对社区的要求比较高，有相当大的一部分人虽然在杭州上班，但因杭州房价高，所以在此买房居住。由于生活工作重心大都在杭州，居民习惯性地喜欢拿杭州城区的社区与闻江社区做比较，认为闻江社区的服务与杭州社区的服务相比有很大的差距。

了解居民的需求后，闻江社区决定开展"温情闻江·爱心集市大型广场便民服务"项目，提供便民项目的同时宣传一些诸如环保、奉献等积极向上的理念，并传递爱心以增加居民对社区的认同感、改善邻里关系，丰富居民的业余生活，提升社区的凝聚力。

三 活动项目计划

（一）项目目的

通过组织社区居民参与这个项目，让社区居民建立对社区的归属感，加强居民在社区参与及影响决策方面的能力和意识，合力解决社区问题，改善社区生活环境和生活质量。在参与项目的过程中，培养自助、互助与自决的精神，发挥其潜能，以形成更有力、更和谐的社区。

（二）项目目标

1. 过程目标。促进社区居民的一般能力的培养，提高社区居民的社会意识。通过在活动中设置法律咨询、健康咨询、计生咨询、青少年健康咨询、犬类管理咨询等便民咨询点，加强社区居民解决社区问题的能力；通过倡导奉献、环保的理念，培养居民积极向上的生活理念；通过多部门的联系，调动可利用的资源，发现社区居民骨干，并让其参与社区事务，建立社区内外群体间的关系。

2. 任务目标。顺利完成"温情闻江·爱心集市大型广场便民服务"项目,改善社区关系,利用多方面的力量,有效回应社区需求,解决社区问题,使居民能够得到有效服务。

(三) 服务项目策略

主要运用地区发展模式策略。本社区存在社区居民对社区事务不关心、居民之间关系淡薄的现象,因此社区社会工作者希望通过此项目提高居民沟通、交流、理解、协商等能力,提高居民之间、居民与社区间的沟通和合作,增强居民对社区的认同感和归属感。

策略实施主要包括三方面:一是促进居民的个人发展,社区通过组织这个活动项目,让居民在活动中相互熟悉、沟通,让居民参与社区事务,并在参与过程中提升能力;二是社区教育,通过向居民发放社会服务资料,告知居民如何运用社区资源以及宣传健康、积极、向上的生活理念;三是提供服务和社区参与,社会工作者根据居民的需要,调动可利用的资源,为居民提供服务,同时为居民积极参加社区服务提供平台。

(四) 服务项目程序

1. 成立项目领导小组。分工落实职责,联系街道团工委、城管、计生办、卫生院、中学、两个小区的物业公司、杭州滴水公益(一个民间公益性组织)、媒体等相关单位、部门,组织人员、协调各方力量,加大宣传力度,发动、吸引小区居民参与活动。

2. 确定活动主题、时间与地点。

3. 撰写活动方案,大致活动内容如下。

(1) 爱心义卖。分为三个区域:①滴水公益区:由滴水公益义工将收集来的义卖物品,摆摊义卖;②闻江社区居民区:由闻江社区居民报名参加义卖,义卖品主要为家中闲置物品,也可发动身边朋友捐赠闲置物品一起义卖;③学生义卖区:发动社区学生(与学校联系一起做活动)将一些闲置玩具、学习用品(不论新旧,有再利用价值即可)设置自己的小摊义卖。

(2) 爱心"1+1"衣物捐赠。新旧衣物现场捐赠、整理打包,号召业主在捐赠衣物的同时，捐赠爱心运费（每件1元）。

（3）社区服务角。主要内容有测量血压、健康咨询、办事指南宣传册免费发放、免费理发、工商及维权咨询、青少年健康咨询、消防宣传、免费豆浆供应等便民项目。

（4）环保宣传。①纸巾换手帕：用小包的面纸换取手帕一条，号召大家减少纸张使用，环保从小事做起。②用生活环保知识换手帕：将生活中的环保小知识，写在纸上，换取手帕一条，然后将小贴纸贴在展板上，让更多的人了解生活中的环保，号召大家更多地关注环保，学习环保小知识，在生活上做个环保达人。③提供小树苗，居民自愿认领（按照自己意愿拿一定金额做认领条件，金额不做要求）。

（5）活动安全措施。为确保活动期间的安全，使活动顺利、圆满进行，拟定了安全保卫工作方案。①指导思想：精心组织、周密部署、密切配合，定岗、定员、定责，确保活动万无一失，使爱心集市活动顺利进行。②组织领导：为加强本次活动安全保卫工作的组织领导，由戈雅物业经理负责，成立后勤保障应急小组，负责布置、协调和指挥此次活动的安全保障后勤工作。

四　项目实施过程

通过提供便民服务项目，以及爱心认购、爱心义卖、爱心捐赠等活动，实现两方面的目的，主要体现在对内关系上，一方面，增进社区内部的关系，通过此次活动，增进居委会、物业公司、小区居民等之间的关系，建立一定互信互赖的基础，方便合力解决社区问题，促进居民参与，促进社区凝聚力的形成和提高；另一方面，增进居民与居民之间的关系，通过活动的开展，改善邻里关系，推动社区居民之间的交流、沟通、协商与合作，培养相互关怀的社区美德，传递爱心的同时，促进社区归属感的建立。

（一）筹备阶段

1. 前期宣传：提前一周在社区内发出通告，告知居民活动内容，发动社区居民积极参与；提前三天在小区内挂好活动横幅；活动前一天利用短信平台告知居民此次活动的开展时间与地点。

2. 物资准备

（1）爱心义卖。确定义卖规模，准备桌子、捐款箱（每个义卖摊前放置一个捐款箱，所有义卖金额直接投入捐款箱，义卖区不直接收现金，需要顾客自备零钱，活动结束后，由义工及社工一起清点款项，并在现场公布）。

（2）爱心"1+1"衣物捐赠区。准备桌子1张、捐款箱1个、展板若干、打包绳一捆、打包袋一捆、剪刀一把。

（3）服务角。测量血压、健康咨询（联系闻堰卫生院、郁金香保健医生）、办事指南资料（去办事中心及相关部门领取）、免费理发（联系街道团委帮忙召集2名理发师）、工商及维权咨询（联系工商部门）、法律咨询（联系职业是律师的党员志愿者）、青少年健康咨询（联系团工委及相关方面心理咨询工作者）、消防宣传（两个小区物业负责）、免费豆浆供应（准备好豆浆、纸杯及桶）。

（4）环保宣传。准备桌椅1套，展板1块，小树苗300盆、手帕若干、环保倡议的便利贴若干。

（二）实施阶段

活动当天，没等活动开始，健康、法律、消防知识等咨询台前已经人头攒动，相关部门工作人员及志愿者们各自忙着解答大家的疑问。

义卖区内，物品主要由杭州滴水公益组织提供一部分，社区居民自愿报名提供一部分，此外，社区青少年将自己闲置家中的一些玩具、书籍、学习用品拿出来，自行定价义卖，不少小朋友头戴着小红帽，在家长的陪同下义卖物资。义卖所得全部无偿放入捐款箱。

爱心"1+1"衣物捐赠区内志愿者忙得火热，成群而来的居民拿来家里打包好的衣物捐赠。社区居民捐赠衣物的同时，志愿者会号召他们为每件衣物捐赠1元作为爱心运费，衣物全部整理完后会由滴水公益负责运往贵州、西藏等贫困地区的学校。

环保宣传桌前，很多居民在爱心小纸片上写下诸如"少开一盏灯，节约用电""绿色出行，节约能源""保护环境，人人有责"等环保寄语，然后将小贴纸贴在展板上，让更多的人了解生活中的环保，号召大家更多地关注环保，学习环保小知识，在生活上做个环保达人。居民同时收到了志愿者送的环保小手帕礼物，以此号召大家减少纸张使用，环保从小事做起。许多居民用小包的面纸换取手帕一条，践行环保理念。

更多的居民喜欢现场认购小树苗，大家自愿将钱放入捐款箱，自己挑选小树苗认养。

在整个活动的过程中，我们遇到了很多很热心的居民，有人主动到募捐箱前，投进自己的爱心，并且不留姓名，有的将自己家中崭新的东西拿出来义卖。便民服务项目受到了前来参加活动的居民的认可。

（三）结束阶段

截至当天16点，由社区社会工作者和滴水公益组织现场整理，共收到捐赠衣物18袋，爱心善款7125元，由滴水公益组织负责车辆，集中统一运往贵州等地学校，待物资运到后将信息反馈给社区，由社区负责在小区公布，以感谢社区居民的爱心奉献。

本活动在面向小区普通居民提供便民利民服务的同时，也弘扬了中华民族扶贫济困的传统美德，提高了全民慈善理念，特别是向青少年传达了爱心奉献、爱心传递的传统美德。

五　项目评估

总体而言，这次活动很成功，居民的参与度比较高。通过联系多部门整合资源，实现资源共享，满足了一定的社区及居民需求。

（一）项目成效评估

社区社会工作者在整个项目中扮演了使能者、教育者和中介者，组织居民参与活动，加强居民间联系，联合相关部门开展便民服务，帮助居民掌握协调多方面力量一起合作，调动社区资源，解决社区存在的问题。

（二）项目过程评估

活动前做了充分的准备，包括信息的完整性、材料的充分性以及活动分工的明确性。活动中各流程衔接良好，现场的氛围不错。在分配志愿者方面也考虑了各自的优势，将各个年龄层的志愿者分派到各个点进行服务，提高服务效率。

六　专业反思

作为一个新建社区,社区开展大型活动项目对社区凝聚力的提升非常重要。此案例是从拓展社区服务内容、倡导环保和奉献理念、传递爱心等多角度入手,增强居民对社区的认同及归属感。社区社会工作者要善于运用社区社会工作的主要方法,通过资源整合和资源共享的方式,与其他组织、单位或是部门一起合作,彼此形成联系和友好的关系,提供帮助与支持,并建立起互惠措施,解决实际问题。

案例评析

这是一个比较典型的社区工作案例。该案例之所以取得成功主要有以下两个方面的原因。

1. 社区工作者对社区的需求进行了比较全面和准确的评估。这是一个比较高档的商品住宅小区,社区居民结构复杂,来自五湖四海,而且居住在社区的时间比较短,工作地点基本上在杭州主城区,普遍受教育程度高,经济收入稳定。上述的这些特征决定了居民对社区服务有一些特殊的需求,比如希望多提供一些居民之间互相交流的机会、多一些精神文化活动项目等。由于社区工作者前期做了大量的调研工作,所以对居民的需求评估比较到位,整个活动的设计就比较有针对性,能吸引广大居民的参与。

2. 充分体现了社区建设中社会协同、公众参与的精神。该项目实施过程中联系了街道团工委、城管、计生办、卫生院、中学、两个小区的物业公司、杭州滴水公益、媒体等相关单位、部门。特别值得一提的是该案例中除了发挥政府的相关部门等正规社会组织资源之外,还充分调动了民间组织、志愿者等非正规组织资源。民间组织和志愿者在这次活动中起到了主导作用。整个活动挖掘了各方资源,最大限度地整合了资源。

不足之处有以下四个方面。

1. 工作模式比较单一，社区工作有很多经典模式，地区发展、社区教育、社区照顾等，每个模式各有优势和弊端，因此在实际工作中，我们提倡社区工作者能够尽可能多地使用各种工作模式，这样可以把各种工作模式的优势充分发挥出来。但该案例的社会工作者在模式的选择上主要选择了地区发展模式，显得比较单一。

2. 对于地区发展模式的精髓把握不够到位。地区发展模式有过程和任务两个目标，但它更强调过程目标的达成，那就是居民能力和社会意识的培养。在本案例中，虽然社工给了居民沟通和交流的机会，但对居民能力和社会意识的培养还显得不够充分。

3. 居民的参与程度比较低。在这个案例中虽然社工一再强调居民的参与，在项目目标中也把居民的参与作为一个重要的目标，但从整个案例中我们看到，活动的组织者更多的还是社区工作者、相关部门的工作人员，社区居民的参与层次还是比较低，居民领袖的作用不明显。

4. 项目目标过于笼统，导致评估过于简单，评估指标不明确，缺乏量化的指标。

解决社区新生入学难项目

指导与评析：郑　蓉
工 作 人 员：余兰兰
实 施 机 构：开发区市北社区

一　案例背景资料介绍

（一）基本资料

一年一度的中小学生入学报名登记工作即将开始，多位市北社区居民来社区咨询有关2014年中小学生入学学区划分及报名情况。社区社会工作者到教育局咨询后得知，2014年市北社区的学区初步将划分到离社区4公里以外的湖滨小学和金山初中，社区社会工作者将这一消息告知居民后，居民们认为这样的划分很不合理且不能理解，并向社区提出诉求，希望社区能够帮助居民解决这一实际困难。

（二）具体背景

1. 社区教育资源背景：由于市北社区地处开发区，位于城乡接合部，原先一直以工业生产为主，近年来随着开发区房地产业的开发建设，住宅区慢慢发展起来，居住人数与户籍人口也日益增多，出生率与入学率也随之上升，但因为没有配套的学校和指定的学区，每年社区内的中小学生入学都是由教育局安排，在城区或附近镇街内生源班额相对较空的学校里就读，且每年不固定在哪个学校。

2. 社区居民情况：本社区内的居民以年轻夫妇居多，大多为就业于开发区及周边企业的职工和创业人员，为了方便工作而就近购房并将户籍落在本社区内，在本地生儿育女。随着子女的慢慢成长，必将面临入学这一关键问题，因此，入学难一直困扰着社区内的年轻父母。

二　主要问题和困难分析

1. 学区问题：由于本社区地处开发区辖区内，地理位置特殊，周边环境复杂，没有建设起相应的配套学校，教育局也没有明文规定学区，哪里空就安排到哪里。

2. 交通问题：根据2014年教育局初步方案决定，2014年本社区的学区将被划分到湖滨小学和金山初中。而这两所学校均距离本社区4公里以上，路途相对偏远，没有直达的公交路线，这给接送孩子上下学带来很大的不便。

3. 安全问题：如果学区一旦划分到这两所学校，路途远，交通不便利，势必会产生孩子上下学的安全问题。

4. 家庭问题：大部分学生家长都是年轻的上班族，每天早出晚归，忙于工作，而子女的接送问题也就成了家庭问题。如果家里有长辈在，接送的任务就落在老人肩上，但面对路途遥远、没有公交直达的学校，老人们该怎么办？而家中没有长辈的家庭就更为麻烦，自己要上班，没时间接送，找人接送，经济和交通同样都是问题。

5. 心理状态：随着报名的时间越来越近，为了孩子的上学问题，家长们的心里也越来越急躁和焦虑，但又无可奈何，因此感到非常的无助。

三 制订服务计划

（一）服务目的

发挥社区作用，协调资源，使社区中小学生能就近入学，帮助居民解决入学难问题。

（二）服务目标

1. 考查和了解实际情况，通过多种方式和途径帮助居民将困难与意愿向上级主管部门和教育部门反映。

2. 协调资源和关系，寻求更为体现"以人为本、关注民生"的服务方案，切实帮助居民解决学区远、入学难问题。

3. 认真做好2014年社区中小学生入学报名和登记工作，及时上报学生信息、联系接收学校、领取和发放入学通知书，帮助服务对象解除焦虑，安居乐业，构建更为和谐的社区环境。

（三）介入行动具体计划

1. 接案：本案是由案主们（多位社区居民）主动到社区求助，并提出诉求。通过与服务对象面谈、电话联系以及网络沟通，了解了服务对象的基本情况、生活状况和心理状态，帮助服务对象暂时缓解焦虑和不安的情绪，建立起良好的专业关系。

2. 全面了解和掌握社区新生信息，统计新生人数，对初定学区进行实地考察，通过与服务对象沟通和交流，了解服务对象的意愿，准备书面资料，召开座谈会，统一服务对象的意见，并整理成书面材料，向社区上级主管部门和教育部门及时反映。

3. 在与服务对象沟通的过程中，告知服务对象社区社工在资源协调和选择权方面的能力局限性，建议推选案主中语言组织能力与沟通交际能力较强的服务对象作为代表，通过正规途径与正确的方式将居民们签署的集体书面意见和困难情况向有关部门反映并提出帮助需求，从而达到助人自助的目的。

4. 在上级部门和教育部门对该情况高度重视的情况下，开展由上级主管部门、教育部门、社区社工和居民代表参加的研讨会，社区社工要发挥好资料提供者、资源整合者、支持者、使能者等角色的作用，协调好多方意见，最终达到解决困难与问题的目的。

5. 在达成最终方案、确定理想学区后，社区社工要认真做好社区中小学报名登记工作，将整理好的新生资料及时上报教育局和接收学校，领取入学通知单，并及时将通知单发放到家长手中。这样圆满解决了服务对象的问题，社区社会工作者便可以结案。

6. 跟进服务，社会工作者注重服务对象的心理变化，对该案的解决方法、过程和结果向服务对象进行了回访工作。

四 介入过程

第一次，由于案主人数较多，社区社会工作者通过交流面谈、电话和网络（社区QQ群）等方式与服务对象进行初步交流，大家都为子女将面临的入学问题而困扰。于是，社会工作者通过电话向教育局咨询了有关2014年学区划分的信息，对方答复与居民反映的结果一致，教育局与区领导讨论后初步决定将2014年市北社区划分到前面所说的那两所较远的学校，原因是离社区较近的公立学校2014年生源也很紧张，本街道辖区内的新生在入学上也无法保证，而开发区没有配套的学校，想在就近的公立学校入学，就更无法解决了。对于这样的答复，大多数服务对象表现出焦虑、激动和急躁的情绪，也有服务对象感到非常的无助。

第二次，社区社会工作者通过到当地派出所了解2014年社区新生人数，然后到教育局初定的学区进行实地考察，尤其是交通路线、公交设施等情况后，认为这一问题关系到社区民生和居民和谐，是一个重要问题，于是社会工作者组织服务对象在社区召开座谈会，会上社会工作者通过与居民们面对面的沟通和交流，以及现场大家的讨论，一致认为最好以书面的形式，由社区出面将案主的意愿和困难向上级主管部门和教育部门反映，希望相关部门能就近安排学区让学生入学。同时，经过这次座谈，社会工作者用理解的心情，站在案主们的立场，用委婉的语气与大家沟通，帮助他们缓解焦虑和不安的情绪，建立了良好的互动关系。随后，社会工作者将所有收集的资料和服务对象意见整理成书面材料，通过电话反映和书面上报的形式，分别向上级主管部门和教育部门及时反映，希望相关部门能尽早协调并解决问题。

第三次，社会工作者再次与服务对象展开讨论，将已上报信息这一情况反馈给他们，并告知服务对象相关部门也正在对此情况讨论协商。相关部门提出关于交通方面的问题，可采用校车接送的方式解决，但大部分服务对象表示反对。讨论会上，在与服务对象多次交流与沟通中，社会工作者也告知案主们，社会工作者在资源协调和选择权方面的能力有限，建议服务对象中语言组织和沟通交际方面能力较强的服务对象可以作为代表，采用正确的方式和正规的途径，将大家书面签署的意见书递交给有关部门并申请帮助。于是，案主们选派代表袁某和沈某前往相关部门反映大家共同的诉求和困难。

第四次，上级部门和教育局在接到多次反映后，加上社会工作者的实情反映，对该情况充分重视，专门开展由上级主管部门、教育部门、社区社会工作者和居民代表参加的研讨会，针对居民们反映的学区问题、交通问题、安全问题等，同时考虑教育资源的配置问题，最终讨论达成一致意见，确定凡是社区内第一类（人房户一致的）生源将就近安排到金帆实验学校，而第二类（即有房无户的）生源，仍执行原定分配计划。

第五次，在确定好理想学区和指定学校后，社会工作者采用书面通知、电话联系以及网络公告（开发区网站和社区QQ群）等形式，通知家长到社区办理新生报名登记手续，并及时整理好新生资料和名单上报教育局和接收学校。在领取入学通知单后，第一时间将通知单发放到家长的手中，以确保孩子们能准时入学。

第六次，社区社会工作者对服务对象进行了回访，向服务对象了解对此次服务过程、方法和结果的满意度和看法。

五　结案和跟进服务

经过上述介入工作后，社会工作者根据项目的处理结果和案主的意见，得到案主认可后，认为可以结案。同时，为了进一步做好后续服务工作，确保每一位学生能正常入学，社会工作者不仅要做好各种资料的登记、核实、上报及整理工作，还要加强对个案进行跟进服务，尤其是要对服务对象进行回访，并主要采用口头询问和书面表格等多种形式，向服务对象了解他们在该次服务中对服务的过程、方法和处理结果的满意度、意见及宝贵建议，为今后开展社区社会工作个案服务提供更多具有参考性的资料和经验。另外，社会工作者将个案处理情况、学生入学情况、案主意见等全面整理、及时总结，并以书面的形式，向上级主管部门和教育部门进行工作汇报，希望为其在教育资源分配与划分工作方面提供参考，至此，该个案才算画上一个圆满的句号。

六　服务评估

这次的个案服务是比较成功的，社区社会工作者充分协调资源和关系，帮助服务对象解决学区远、入学难这一难题，使服务对象安心社区生活，促进社区和谐发展。

七　个案反思

通过此个案，社区社会工作者发现，社区居民在碰到困难时，越来越懂得主动向社区这一社会工作最基层组织寻求帮助，而社会工作者在这中间必须要用理解心态去分析问题，同时，要学会架起社区这一桥梁，充分发挥上情下达、下情上传、多方协调的作用，帮助服务对象解决困难。另外，也要学会发现和挖掘居民骨干，发挥他们的能力和作用，真正实现社会工作中助人自助的目的。从本个案中，社会工作者深深地领悟到，要做好社会工作，不仅需要专业的方法与技巧，更需要情感。

案例评析

一　成功之处

1. 居民与社会工作者在前期建立了比较好的信任关系。居民有强烈的救助动机和解决问题的愿望，愿意积极参与问题的解决过程，这是本案例得以成功解决的关键之一。

2. 很好地挖掘了居民领袖（骨干）的资源。在案例的实施过程中，社会工作者意识到自己的力量是微弱的，必须发动居民的力量才能让问题最终得以解决。所以在社工与居民进行第二次座谈时，社工就向居民建议选举服务对象中语言组织和沟通交际方面能力较强的服务对象作为代表，采用正确的方式和正规的途径，将大家书面签署的意见书递交给有关部门并申请帮助。事实证明这一举措是该案例最终成功的重要原因之一。

3. 整合运用了社区工作的经典模式，引导居民用最恰当的方法和途径解决问题。在该案例中社工根据实际运用社区工作的诸多工作模式——地区发展模式、社会行动模式等，并把每种模式的优势很好地发挥了出来。

二　问题与建议

1. 本案例只是暂时解决了该社区部分孩子的上学问题，并没有彻底解决孩子的上学隐患问题。作为社工不能被动地充当救火者的角色，还应该积极扮演政策倡导者角色。本案例的问题之所以会出现，是因为政府对经济开发区的建设缺乏长远科学的规划。随着开发区人口的增加，入学儿童数量还会增加，如果政府没有长远的配套设施规划，类似的问题还会重演，只有让政府尽快解决生活配套设施问题，才会有更多的人才进入开发区建设，孩子的上学问题才能最终得以解决。

2. 这个案例因为涉及的学龄儿童不是很多，最后教育局确定凡是社区内第一类（人房户一致的）生源将就近安排到金帆实验学校。如果案例中涉及的孩子比较多，而恰巧金帆实验学校的生源真的已经很满了，无法解决就近入学问题，怎么办？社区可以做什么？在开展任何专业服务时，社工应该对问题做深入的分析，对问题解决的目标要进行合理的设计，如果一时无法彻底解决问题，可以分短期、中期、长期目标。比如，如果实在没办法解决孩子的就近上学问题，那么是否可以建议公交公司开通社区到学校的公交线路？或者建立社区支持网络，有车的家庭是否可以顺带把邻居的孩子一起接送？这样还可以加强邻里沟通，提升居民的社区认同感。

社区突发性公共危机处理个案

指导与评析：郑　蓉
工　作　人　员：童春燕（中级社会工作师）
实　施　机　构：北干街道金泰苑社区

一　案例背景

2014年2月某日凌晨2点北干一苑小区×幢×单元502室出租房内由于电路自燃发生火灾，租客在发生火灾时把房门打开，自己逃走，既没有通知楼内邻居，也没有报警，邻居发现火情时整个502室已基本被烧毁，整个单元停电停水，很多住户电话停机，同时由于房门敞开导致501室门被烧坏，6楼的整个墙面被熏黑，部分室内瓷砖碎裂。消防队救火时由于火势过猛，使用了大量的水来灭火，又导致402室和302室严重渗水、电器损坏、地板撬起、柜子里的被子衣服全部渗水，尤其是402室已无法居住。在火灾发生时，由于烟熏和火势，6楼的3户居民被困达半小时之久，都受到不同程度的惊吓。对于所造成的局面，租客已不知所踪，房东王先生感到非常彷徨。这个状况需要社区工作者的及时介入。

二 问题分析

综合来看，火灾后导致×幢×单元的困境主要有以下四方面。

1. 基本生活问题：从整个楼道的情况来看，楼道内一片狼藉，电路被烧毁，水、电等基本的生活功能都无法保障。

2. 心理情绪问题：从房东王先生的情况来看，他觉得自己非常晦气，除了唉声叹气并无任何处理这起突发事件的思路。从楼道内的居民情况来看，由于在火灾中受到惊吓，出现了一定的灾后创伤性情绪问题。

3. 受损赔偿协调：几户受灾居民家中都有不同程度的损毁，生活受到了严重影响。

4. 舆论导向问题：新闻媒体也对这一突发事件非常感兴趣，尤其对火灾的负面情绪特别感兴趣，相关报道容易使大家片面看待此次事件。

如何快速让受灾楼道恢复基本生活功能、正确引导舆论、疏导居民灾后创伤性心理问题以及协调事发居民对受灾邻居的赔偿将是社工需要思考的问题。

三 服务计划

由于这是一个突发性的事件，对于整个楼道的居民情绪和生活都造成了不同程度的影响，社工根据此次事件的紧迫程度和解决问题的先后顺序，特制订了以下计划。

1. 联系物业、供电局、城乡供水营业所等公共部门，及时恢复居民的基本生活需要。

2. 联系参与本次采访的新闻媒体，要求他们能客观地报道本次火灾情况，将此次事件作为一次突发的舆情来通报。

3. 安排社区内的心理咨询师对受到惊吓的居民进行及时的心理干预。

4. 组织好赔偿调解工作，与房东沟通，对房屋受到不同程度损坏的居民进行合理的赔偿。

四 服务介入

根据服务计划的设定，社工开展了以下各项服务工作。

1. 解决目前整个楼道的基本生活功能恢复问题。

（1）联系物业公司，组织党员志愿者一起对楼道内进行全面清洁，将积水和垃圾进行及时的清理，方便居民上下楼。

（2）联系供电局，由于在火灾中所有电路被毁，整个楼道断电，在物业公司的协助下，由供电局对损毁电路进行恢复，通过半天的抢修，在中午前整个楼道的电路成功恢复。

（3）联系供水营业所，对楼道内损坏的水管进行修复，通过及时抢修，楼道内的供水也在午饭前得以正常供应。

（4）对楼道内座机电话受损的住户进行统计后，与电信部门进行联系，两天后三户居民家中座机功能得到恢复。

2. 与新闻媒体做好沟通，让其对本次失火情况进行客观公正的报道。

（1）借助上级相关部门，及时联系参与报道的新闻媒体，帮助他们一起联系区消防大队，对本次失火的情况进行了基本的还原——此次火灾是一起电路老化引起的失火，而非人为的纵火案例，同时与消防大队沟通后将本次失火的真相也在楼道内进行了公示，使受灾楼道内的居民不再相互臆测。

（2）在走访中发现，火灾中 501 室的住户在发觉火情后，冒着生命危险，将 6 楼受困的住户一一救下楼，是一起非常典型的美德事件，媒体对火情进行报道后，也真实地对 501 室住户的英勇举动进行了报道。

（3）在突发事件发生后，社工与媒体进行了良性的互动，既不回避问题，也不夸张、失实，至此，没有出现由于大家随便猜测而进行的哗众取宠性的失实报道。

3. 对此次火灾中受到影响的居民进行了不同方式的心理辅导。

（1）6 楼 3 户居民当时受困的情况是：601 室一家三口都在家里，但由于恐惧，他们发现冲不下楼后，其女儿坐在家中的防盗窗上大呼救命，直到被501室住户救下来后还是缓不过神，后来出现了容易被声音吓着、入睡困难、容易惊醒的情况，这是典型的创伤后心理问题。为此社工发动了社区的在职党员——一名非常专业并具有丰富工作经验的心理咨询师，对其恐慌性情绪进行心理干预。在该心理咨询师第三次回访后，这名女孩的情绪已基本平复，不再有害怕出门、做噩梦等创伤后的情绪困扰问题。

（2）楼道内其他住户虽然没有出现像这名女孩一样强烈的情绪问题，但还是出现了不同程度的焦虑不安，为此社工又组织了三名专业心理咨询师，对楼道内的每一户居民都进行了走访，让他们能及时谈出自己的感受，并教他们用积极的自我暗示等方法来疏导自己的情绪。

4. 本次火灾受损居民户数达到6家，尤其是402室整个室内受损严重，已无法居住，为了避免矛盾激化，社工与房东王先生沟通后在灾后当晚连夜组织协调工作。

（1）由于402室所有柜子进水，电器损坏，根据他们的实际情况，首先由王先生为他们订好经济酒店解决当天的住宿问题，并将他们所有的浸水衣物进行清洁处理。对一些受损的电器能修理的及时进行修理，像油烟机等不能修理的进行了更新，鉴于房东王先生自身受损也非常严重，402室不提出额外的经济赔偿要求，只要求对其他一些受损的家具、地板和吊顶进行功能性恢复。

（2）601室室内所有墙纸被熏黑，由王先生进行更新，在更换过程中，由于所买墙纸非调解协议中的指定墙纸，由社工多次与房东王先生协调后得到妥善处理，601室最终对整个调解表示满意。当时火熏后6楼室外的整体墙面都被烟熏黑，在社工的协调下，第二天房东王先生请油漆工对墙面进行了刷白。

（3）602室与603室居民的室内瓷砖也受到了一些损伤，但在调解过程中，他们提出了不要经济赔偿，但担心火灾后房子的承重度受损，要求权威部门能出具报告证明房屋是安全的，或者由王先生将整个5楼与6楼之间做隔层现浇处理。为此社工与房东王先生一起联系了区房管处，后在区房管处的指导下与杭州权威的危房鉴定机构进行联系，他们表示危房鉴定从程序来讲需要进行整幢鉴定，并要在房子的每一层进行钻孔取样，而整层现浇也并不现实，而且房子本身并不存在垮塌的危险，最后他们给出比较妥当的意见，由房东王先生在 5 楼自己的房子内进行加固，最终也得到了 6 楼两户住户的认同。

（4）402 室整个室内的吊顶全部毁损，地板也有一定程度的松动，住户本身是一名房产评估师，工作非常忙，家中也经常无人，为此经过估算，也本着邻居之间互相谅解的精神，提出了赔偿 10000 元的要求，后经过社工的协调，最终由房东王先生给予赔偿 6000 元。而 501 室的房门虽然有所损坏，但不影响其使用，最终没有提出赔偿。

5. 由于租房户逃窜后已联系不上，但其为萧山本地人，在社工咨询街道司法所律师后，建议房东王先生通过法院上诉的形式来解决其与租房产的赔偿纠纷。

五 结案与跟进

本次突发性的火灾事故处理从火灾当天社工介入到所有赔偿恢复工作结束历时达 7 个月之久，在协议恢复的装修施工中也曾出现不同意见，社工与楼道内的党员志愿者又多次介入沟通协调，使大家在互相体谅中妥善解决问题。

1. 提前向房东王先生及楼道内的其他涉灾住户告知结案的时间，并以最后一户——402 室的装修结束时间作为结案的切入点。

2. 在结案时社工走访了房东王先生以及每一户在本次火灾中受到惊吓或财产有损失的住户，对他们在协调中所表现出来的互相体谅的精神给予充分的肯定，大家也对社工能及时介入此次事件表示了衷心的感谢。

3. 填写结案记录，对整个个案的处理进行了整体的梳理后结案。

4. 对这个楼道的居民社工还会进行一些定期的回访，了解居民的灾后创伤性情绪问题是否会出现反复。

六 评估

1. 成效评估：本案例中社工运用了生态系统理论及人本主义理论，在处理过程中，能站在每个住户的立场来看待问题，并结合社工自身的专业价值观，遵循专业伦理，运用专业技巧，为本案制订了服务计划，尤其在首次调解中运用了合理情绪想象技术，尽量减少受灾住户的不稳定情绪，减少他们的心理压力，使他们能本着互相谅解的精神来解决本次事件。房东王先生与楼道内的住户不仅互相体谅，且能和睦相处。

2. 自我评估：社工在介入的过程中，不仅对楼道内的住户本着热情、尊重、共情、积极关注等原则，真正了解大家的真实需求，而且在整个处理过程中充当了专业的心理咨询师，还在环境层面上充当了关系协调者和资源找寻者的角色，并在事件突发后，根据整个处理的轻重缓急及时制订了计划，将各方关系理顺，也使整个个案得到顺利处理。

七　专业反思

结案后回顾整个服务流程，社工以其专业的工作精神，运用了一些心理学技巧，使本次突发性公共危机事件处理得比较顺利。但是本次事件也给社工提出了一个具有警示意义的问题：在社区工作管理中，如何能够避免一些意外性事件的发生，如本次的意外虽然是由于租房户没有及时报警及房门大开而导致的严重灾情，但起火原因毕竟是电路老化，为此社工在结案后，根据本次事件专门起草了一份"出租房注意事项"（如电路检查、煤气瓶及软管检查、租客扰民问题的处理等），不仅将注意内容在社区内的9个中介公司进行了上墙公示，还以短信和书面通知的方式对每一个出租房房东进行了告知，同时对小区内的普通居住者进行了宣传，以避免同类事件的再次发生。

案例评析

一　成功之处

1. 社工及时进行了危机干预，并且在当时的情况下，选择了社会规划模式帮助居民解决了火灾带来的一系列生活困难和情绪困扰。

2. 社工对居民的需求进行了全面分析，并且整合了多种社区内外的资源，帮助居民在最短的时间内恢复了正常的生活。

3. 社工很好地扮演了社会规划模式中的各种角色，如资料的收集者、专家、方案的实施者等。

4. 社工不是万能的，所以很多时候他们扮演的是资源的链接者，而要扮演好这一角色，社工必须对资源有清晰的了解。该案例中社工对社区的资源掌握比较到位，所以当灾害发生后，马上发动了社区的在职党员——一名非常专业并具有丰富工作经验的心理咨询师，对居民的恐慌性情绪进行了心理干预。

二　不足之处

居民的参与始终是社区工作成功的关键，所以在社区工作中，应该时时牢记发挥居民的潜能，让居民参与其中，培养居民的社会责任和解决问题的能力。所以在危机介入后，社工可以借此机会在社区开展一次大型的社区安全活动，对社区的安全隐患进行全面的排查，提高居民的安全防范意识，并教导居民一些防灾技能，把问题解决在萌芽状态。

编后记

　　编完最后一页，感慨油然而生。杭州师范大学社会工作作为浙江省第一批招生的本科专业已经走过了 15 个年头，回首往事，百感交集，其间经历过艰辛困苦，更多的还是幸福喜悦，专业在发展，我和我的同事与学生们一起也在努力探索，共同成长。深深地庆幸多年来能与他们携手，他们的青春勃发、道德品质、聪明才智和忘我劳作，不断鞭策着我。

　　2015 年是杭州师范大学社会工作专业极为重要的一年。本科生第十五届新生入学，杭州师范大学是浙江省社会工作专业招生届次最多的学校；本专业是浙江省唯一的成人教育主考单位；专业硕士新生入学，社会工作专业成为涵盖成人高等教育专科、本科、专业硕士的办学体系的完整专业。社会工作专业 2014 年被浙江省教育主管部门批准为新兴特色专业，年内正式开始实施，进入向更高水平发展的新阶段。

　　编写社会工作教学案例集缘起 2013 年，结合申报社会工作专业硕士授权点和浙江省新兴特色专业，我们对本专业教学工作进行了一些思考和讨论，形成的共识是案例教学，这既是杭州师范大学社会工作专业教学的已有特色之一，也是今后坚持的方向之一，确定每年对上一年度教学中的案例进行收集整理，选择其中较成熟部分加以出版，因此有了这本汇编。所有案例都来自本专业老师和学生的教学实践,其中肯定有许多稚嫩之处,但这也正是真实之处。由于本人的水平与能力的限制,书中的不足,甚至错误,当由我一人承担。社会科学文献出版社的编辑们为本书的出版付出了艰辛劳作,特此致谢!

感谢多年来所有关心和支持本专业建设的人士!

秦均平
2015 年 9 月 9 日于杭州怒园

图书在版编目(CIP)数据

社会工作案例选编. 一 / 秦均平主编. -- 北京：社会科学文献出版社, 2016.12
　ISBN 978 - 7 - 5097 - 9721 - 1

　Ⅰ.①社… Ⅱ.①秦… Ⅲ.①社会工作 - 案例 - 汇编 - 中国 Ⅳ.①D632

中国版本图书馆 CIP 数据核字（2016）第 223114 号

社会工作案例选编（一）

主　　编 / 秦均平

出 版 人 / 谢寿光
项目统筹 / 谢蕊芬
责任编辑 / 佟英磊　梅　玫

出　　版 / 社会科学文献出版社·社会学编辑部（010）59367159
　　　　　　地址：北京市北三环中路甲29号院华龙大厦　邮编：100029
　　　　　　网址：www.ssap.com.cn
发　　行 / 市场营销中心（010）59367081　59367018
印　　装 / 北京季蜂印刷有限公司

规　　格 / 开本：787mm × 1092mm　1/16
　　　　　　印　张：16.75　字　数：254 千字
版　　次 / 2016 年 12 月第 1 版　2016 年 12 月第 1 次印刷
书　　号 / ISBN 978 - 7 - 5097 - 9721 - 1
定　　价 / 78.00 元

本书如有印装质量问题，请与读者服务中心（010 - 59367028）联系

▲ 版权所有 翻印必究